今日の限界めし

くまの限界食堂 店主 KUMA

ワニブックス

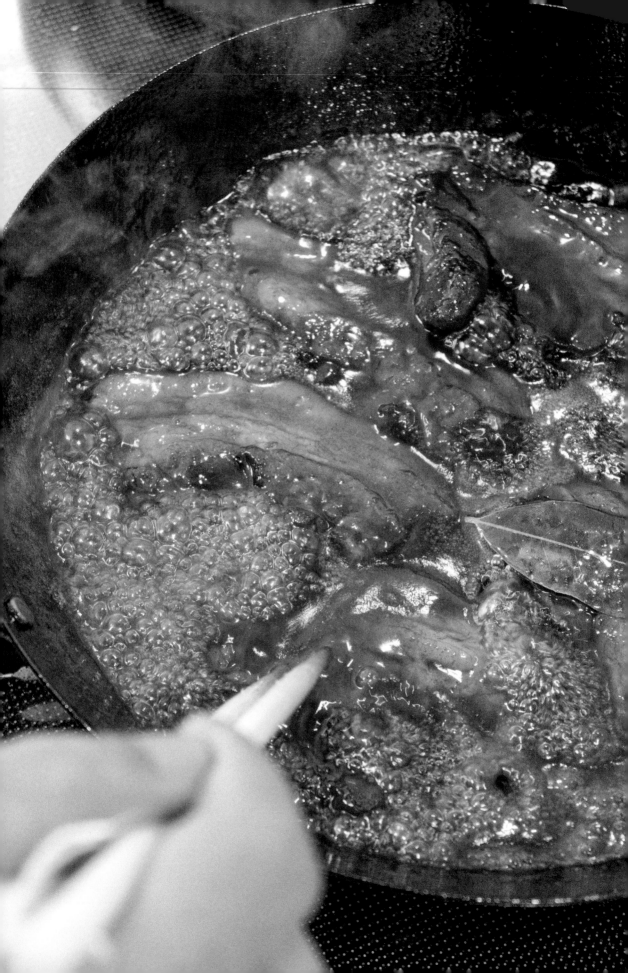

はじめに

こんにちは。KUMAです。
数ある料理本の中から「今日の限界めし」を手に取っていただき、
ありがとうございます。
「思うように味が決まらない。」「今日のご飯何作ろう……。」
誰もが経験したことのある悩みだと思います。
特別な材料を使った手の込んだお料理も良いのですが、
この本では、慣れ親しんだ調味料や
いつでも手に入れることのできる普段の材料を
「少しのコツ」で激変させるレシピをご紹介しています。

ひとつお願いです。一度レシピ通り作ってみてください。
そしてお気に入りのレシピが見つかれば、
アレンジを加えてご自身の味にしてください。
皆様自身、そして周りの方々が良い時間を過ごしていただくために
少しでもお役立ていただければ嬉しいです。
「お料理」は自由です。
ハードルを下げて、毎日を楽しむツールとして
キッチンに立つきっかけになれば幸いです。

自分の“限界”を
少し超えてみる
食堂。

例えば、いつもと少しだけ
作り方を変えてみる。

皮で身を包んで揚げると
専門店級の味に！

もも肉の
ジューシーから揚げ

じゃがいもをまるごと揚げると
新感覚に出会える

独自製法
フライドポテト

2つの工夫で
ホットケーキミックスが
10倍美味しくなる

いつものパンケーキ

例えば、少しだけ新しい食材や組み合わせにチャレンジしてみる。

いつもの材料に
ラードだけ加えてください
本当に旨い炒飯

じゃがいもを長いもに
変えると大人の逸品に
肉長いも

なんと具材はたまごだけ！
貧乏人のスパゲティ

しかも、誰でも簡単に短時間で作れる工夫が満載！

材料3つから作れるメニューや

アボカドを昆布茶で
〆るとヤバ旨
アボカドこぶ〆

砂糖水に漬けるだけの
絶品おばんざい
やばいとまと

材料3つで極上！
「ふわ」「シュワ」「トロッ」なスフレ

5分で作れるメニューも!

仕込みは秒殺、
無限に食べられる旨さ
うずら漬け2種

5分でできる、
めんどくさい日の救世主
青のりバターのっけ飯

できるだけ手間を減らし、特別な道具を使わずに作れるようにしました。

煮込み不要!
レンチンで超本格派
スパイス香るキーマカレー

フライパンを型代わりに&
オーブンなしでできる
濃厚チーズタルト

今までの味の"限界"を超える旨さが待っています。

皆様も良い時間を。

第 **6** 章 たれ

特集 2 再現レシピ

第 **7** 章 スイーツ

この本のレシピについて

▶ 計量単位は、大さじ1=15ml、小さじ1=5ml、1カップ=200mlです。

▶ 電子レンジやオーブン、トースターの加熱時間はメーカーや機種によって異なりますので様子を見ながら加減してください。本書では、電子レンジは600Wのものを使用しています。500Wの場合は加熱時間を1.2倍にしてください。

▶ 火加減の指定がない場合は、中火で調理しています。コンロやIHヒーターの機種によって火力、出力が異なりますので、火加減や加熱時間は調整してください。

▶ 野菜類は、洗う、皮をむく、ヘタや種を除くなどの工程は省いています。

▶ たれの保存期間は目安です。清潔な道具と容器を使い、調理、保存してください。

第 **1** 章

人気レシピベスト10

肉汁祭り

一度は
食べてほしい。

熊印　極ハンバーグ

材料（4～5個分）

- ▶ 合いびき肉…300g
- ▶ 玉ねぎ（すりおろし）…2個
- ▶ 塩…3g（肉の1%）

- A ▶ 牛脂（刻む）…1個
  - ▶ パン粉…大さじ2
  - ▶ 牛乳…大さじ2
  - ▶ にんにく（すりおろし）…1/2片
  - ▶ 溶きたまご…1個

- ▶ 粉かんてん…2g
- ▶ サラダ油…適量

〈デミグラスソース〉

- B ▶ 水…150ml
  - ▶ ビーフシチューの素（刻む）…1片
  - ▶ はちみつ…小さじ1
  - ▶ インスタントコーヒー…小さじ1

- ▶ バター…15g

〈つけ合わせ（好みで）〉

- ▶ にんじん、じゃがいもなど
- ▶ 塩、こしょう…適量
- ▶ オリーブオイル…適量

作り方

1 フライパンに玉ねぎを入れ、焦げないように10～15分弱火で炒める。ボウルに移し、粗熱を取る。

2 別のボウルに肉と塩を入れてすばやく練る。A、1を加えてよく混ぜる。1の玉ねぎペーストは後でデミグラスソースにも使用するため、大さじ1程度残しておく。

3 2に粉かんてんを加えてこね、ラップをかけて冷蔵庫でしばらく寝かせる。

4 フライパンに油を熱し、成型したタネを焼く。両面1分ずつ焼いたら水50ml（分量外）を入れてフタをし、とろ火で10～15分蒸し焼きにする。中まで火が通ったら器に盛る。

5 デミグラスソースを作る。4のフライパンに残りの1とBを入れて火にかけ、沸騰したら火を止めてバターを加えて混ぜ溶かす。

6 ハンバーグに5を回しかける。つけ合わせの野菜は食べやすく切って塩、こしょう、オリーブオイルをかけ、ラップをかけてレンジで加熱し、ハンバーグに添える。

やわらかめのぽたぽたのタネを粉かんてんでキャッチする。真ん中はへこませなくてよい。

point

肉汁あふれる、これぞ本物のハンバーグ。みんな大好きな食卓の人気メニューは、今日からこの作り方が新定番になるはず。

市販のルーが
店の味になる

劇的旨味カレー

材料（4～5皿分）

- カレールー（刻む）
  …1/2箱 ★ジャワカレーがおすすめ
- 肉（好みの種類、ひと口大）…250g
- えのき（粗みじん）…1袋
- 玉ねぎ（すりおろし）…大3個
- にんじん（すりおろし）…1本
- ブラウンマッシュルーム（半分に切る）
  …5～6個

A
- 水…700㎖
- 塩…2.5g（肉の1%）
- こしょう…少々
- はちみつ（または砂糖）
  …小さじ1

- サラダ油…適量
- クミンシード（あれば）…適量
- バター…20g
- ご飯…茶碗大盛り1杯（1皿あたり）

〈つけ合わせ（好みで）〉

- マッシュルーム（スライス）
- トマト（くし切り）
- EXVオリーブオイル…適量
- パセリ…適量

作り方

1 鍋に多めの油を熱してクミンシードを入れ、パチパチ音がしてきたら肉を加えて炒める。火が通ったら一旦取り出す。

2 1の鍋でえのきを弱火でしっかり炒める。茶色くなってきたら玉ねぎとにんじんを加え、よく混ぜながらさらに炒める。

3 水分が減ってきたらAと1の肉、マッシュルームを入れて30分ほど煮込む。

4 3にカレールーを入れてよく混ぜる。バターを加え、弱火で1時間ほど煮込む。

5 器に盛ったご飯にかけ、好みでEXVオリーブオイルとパセリで和えたトマトと、マッシュルームを添える。

point

マスト食材はえのき。じっくり炒めて旨みと香りを凝縮させるべし。他に入れたい食材があれば4で加えてください。ルーは冷凍保存できます。

少しの手間で格上げ

必ずハマる逸品

アボカドこぶ〆

- ▸ アボカド…好きなだけ
- ▸ 昆布茶…適量
- ▸ 醤油（あればたまり醤油）
  …適量

作り方

1 アボカドは種を取って皮をむき、半分に切る。全体に昆布茶をまぶす。

2 キッチンペーパーとラップでくるみ、冷蔵庫で寝かせる。3時間で浅漬け、1日でしっかり漬かる。

3 スライスして皿に盛り、醤油をつけていただく。

point
できるだけ実に触れないように皮をむくと変色が無く食べるときにきれいです。

ラップ、キッチンペーパーを重ねた上にアボカドをのせ、茶こしで振りかけるとやりやすい。

エビマヨならぬ　とりマヨ

材料（2人分）

- ▶ 鶏むね肉
  …1枚（300g）
- ▶ 玉ねぎ（すりおろし）
  …1/2個

A
- ▷ 酒…適量
- ▷ 塩
  …3g（肉の1%）
- ▷ にんにく
  （すりおろし）
  …好みで
- ▷ 酢…少々

B
- ▶ マヨネーズ…大さじ5
- ▶ ケチャップ…小さじ2
- ▶ みりん…大さじ1強
- ▶ 醤油…少々
- ▶ 豆板醤（または味噌）…少量

- ▶ 酢…大さじ1
- ▶ 塩、こしょう…各少量
- ▶ 片栗粉…適量
- ▶ サラダ油…適量
- ▶ 長ねぎ（粗みじん）…好みで

作り方

1 鶏肉は皮と筋、脂を取り除き、1cm幅に切る。Aを混ぜ合わせたボウルに20〜30分浸す。

2 たれを作る。玉ねぎを耐熱容器に入れ、レンジで1分20秒加熱する。Bを加えて混ぜ合わせ、酢、塩、こしょうで味をととのえる。

3 1に片栗粉をまぶし、フライパンに1cm程度の油を熱して揚げ焼きにする。器に盛って2をかけ、好みでねぎを散らす。

point チキン南蛮とから揚げを一度で楽しめるハイブリッド。たれを甘くしたい場合は、砂糖大さじ1と1/2を加えてください。

癖になる味　香ばしく、さっぱり、深い

エンドレスに食べられる

簡単

安い

旨い

包まない餃子

材料（25個分）

- ▶ 豚こま切れ肉…100g
- ▶ ピーマン（細切り）…1個
- ▶ にんじん（細切り）…1/3本
- ▶ タケノコ水煮（細切り）…40g
- ▶ ニラ（6〜7cm長さ）…1/3束
- ▶ 餃子の皮…25枚
- ▶ オイスターソース…大さじ1
- ▶ 塩、こしょう…各少々
- ▶ てんぷら粉…適量
- ▶ サラダ油…適量
- ▶ ごま油…適量

〈味噌だれ〉

A ▷ 味噌…50g
　 ▷ 酒…大さじ3
　 ▷ みりん…大さじ1

B ▷ 砂糖…大さじ2
　 ▷ 醤油…大さじ1/2強
　 ▷ にんにく…1片
　 ▷ いりごま（またはすりごま）…大さじ1
　 ▷ 一味とうがらし…好みで

作り方

1 豚肉は小さめに切り、塩、こしょうを振ってオイスターソースをもみ込む。

2 味噌だれを作る。ボウルでAをよく混ぜ合わせ、味噌が溶けたらBを加えて混ぜる。レンジで1分30秒加熱する。

3 バットに天ぷら粉を広げた上で、餃子の皮に具材をのせ、二つ折りにしてくっつける。

4 フライパンにサラダ油を熱して3を並べて弱火で焼き、軽く焼き目がついたら餃子が半分つかるくらいまで水（分量外）を入れて強火にし、フタをして蒸し焼きにする。

5 水分が無くなったらフタを取り、ごま油を回しかける。パリパリと音がしてきたら皿に返して完成。

皮で具材を巻くイメージで。皮に水をつけなくても、肉の水分でくっつく。

point

天ぷら粉をつけることでパリパリ羽付きに仕上げます。自家製味噌だれには、くるみなどのナッツを細かく砕いて加えてもGOOD！　定番の酢醤油も間違いない。

イタリアのかまたまうどん。あるいはTKG

貧乏人の スパゲティ

材料（1人分）

- ▶ パスタ…100g
- ▶ たまご…2個
- ▶ オリーブオイル…適量
- ▶ 鷹の爪…1本
- ▶ にんにく（つぶす）…1片
- ▶ 塩、こしょう…各適量
- ▶ パルメザンチーズ…適量

作り方

1 フライパンに多めのオリーブオイルを入れ、にんにく、鷹の爪を弱火で熱して香りを出す。

2 1のフライパンで目玉焼きを2個作る。ひとつは半熟で皿に取り出し、もうひとつは固焼きにする。

3 固焼きの目玉焼きを細かく刻んでフライパンに戻し、塩（分量外）を入れて表示の時間通りにゆでたパスタと、ゆで汁を少し加えて混ぜる。

4 火を止めてパルメザンチーズを絡め、塩で味をととのえる。

5 器に盛り、半熟の目玉焼きをのせ、パルメザンチーズ、こしょうを振る。

point
具材はたまごだけなのにめちゃくちゃ旨い。とろ〜り半熟たまごとチーズがたまらないイタリア下町の味！

縁にカリカリが出来るくらいしっかり焼いて刻む。

21

たれと卵が絡んだ肉でご飯を掻き込む至福

特上豚丼

材料（1人分）

▶ 豚バラ肉
　（薄切り）…100g
▶ 豆苗
　…1パック
▶ 塩、こしょう
　…各少々
▶ 片栗粉…適量
▶ 卵黄…1個
▶ サラダ油…適量
▶ ご飯…どんぶり1杯

〈たれ〉
▶ 砂糖…大さじ1
▶ 酢…小さじ1
▶ みりん
　…大さじ1
▶ 酒…大さじ1
▶ 醤油…大さじ1

作り方

1 たれの材料をすべて混ぜ合わせる。

2 フライパンに軽く油を引いて熱し、豆苗をさっと炒め、塩、こしょうを振る。皿に取り出しておく。

3 豚肉に片栗粉をまぶし、油を引いたフライパンで表面をさっと焼く。1を入れて、一気に絡める。

4 器に盛ったご飯に3と2をのせ、卵黄をのせる。

point 肉に火を通し過ぎないことがポイント。軽く焼いて香ばしさを出します。たれにはにんにくやしょうが、豆板醤を加えても◎。

やばにら

材料（作りやすい分量）

▶ ニラ（小口切り）…2束

A ▷ 醤油…150〜200㎖
  ▷ みりん…100㎖
  ▷ 酒…100㎖
  ▷ 酢…30〜40㎖

▶ 干ししいたけ…2枚

B ▷ 削り粉…大さじ1
  ▷ 豆板醤…大さじ2
  ▷ 鷹の爪（または一味とうがらし）
   …好みで

▶ ゆずポン酢（またはゆずやカボスの果汁）
 …大さじ1

作り方

1 鍋に**A**を入れてひと煮立ちさせ、アルコールを飛ばす。

2 沸騰したら火を止めて干ししいたけを入れ、そのまま常温まで冷ます。

3 ニラと**B**を保存容器に入れ、**2**をそそぎ入れる。

4 ゆずポン酢を加えてよく混ぜ、ラップで落としブタをして冷蔵庫で一晩寝かせる。

point 柑橘の香りを足すことで味がすっきり締まります。ラーメンや餃子に、ご飯にかけて、冷や奴や鍋のつけだれに……。酒のつまみからおかずまで何でもいけます。

万能で最高な常備菜

ミキサーに全部

入れるだけ！

極上のイタリアンプリン

材料（18cm型）

A
- ▷ クリームチーズ…200g
- ▷ 砂糖…70g
- ▷ たまご…3個

▶ 牛乳…200㎖

〈カラメル〉

▶ 砂糖（あれば三温糖）…50g

▶ 水…大さじ3

作り方

1 カラメルを作る。砂糖と水（大さじ2）を鍋に入れて中火にかける。ぶくぶくと泡立って茶色になったところで火を止め、水（大さじ1）を入れ、鍋をゆすって混ぜる。型にそそいでしばらくおく。

2 Aをミキサーに入れて混ぜる。

3 牛乳は耐熱容器に入れてレンジで50秒加熱し、2に加えてさらに撹拌する。そのまま10分おく。

4 3を茶こしでこしながら1に入れる。アルミホイルをふわっと被せて、160度に予熱したオーブンで50分湯せん焼きにする。

5 常温まで冷めたら、冷蔵庫で1日冷やし固める。

煙が出て濃い茶色になったところで水を入れる。濃いめに焦がしたほろ苦がおすすめ。

point

ふるふると揺れるくらいが焼き上がりの目安（焼き立ては固まっていないのでご注意を）。手抜きなのに、軽く想像き超える本格的な味です。

バットか天板に、型の高さの半分くらいまで湯を張る。アルミホイルはふんわりと。

ふっくら
ぷっくり
ふわ
ふわ
の日常食

いつものパンケーキ

材料（1〜2人分）

▸ ホットケーキミックス…200g
▸ たまご…2個
▸ 牛乳…150㎖
▸ 塩…ひとつまみ
▸ 砂糖…20g
▸ サラダ油…適量
▸ はちみつ…好みで
▸ バター…好みで

point 市販のホットケーキミックスをランクアップする我が家のマル秘レシピ。ぜひお試しください。

作り方

1 卵黄と卵白を別々のボウルにわけ、卵白は冷凍庫で15分ほど冷やす。

2 卵黄に牛乳、塩を入れて泡立て器で混ぜる。ホットケーキミックスを加え、さらに混ぜる。

3 1の卵白と砂糖をミキサーで混ぜる。2に加えて、泡をつぶさないようにヘラで切るように混ぜる。

4 フライパンに油を薄く引き、3を焼く。表面がぷくぷくしてきたら水（分量外）を少し入れてフタをし、蒸し焼きにする。裏面も焼いて器に盛る。好みではちみつやバターをかける。

第 2 章

肉おかず

漬けて焼くだけ

もううまい。

主役になれる タンドリーチキン

材料（2人分）

- 鶏もも肉…1枚

A
- 塩…2つまみ
- にんにく（すりおろし）…1片
- しょうが（すりおろし）…1/2片

B
- カレー粉…大さじ1
- ヨーグルト（無糖）…大さじ4
- パプリカパウダー（またはケチャップ）…大さじ1

〈スパイスソース（好みで）〉

- 好みのスパイス（クミンシード、チリパウダー、カルダモンなど）…適量
- オリーブオイル…適量
- トマト（輪切り）…好みで

作り方

1 鶏肉は4等分に切り、Aをもみ込んで10分おく。

2 Bを加えて色が変わるまでもみ込み、ラップで落としブタをして冷蔵庫で30分〜一晩寝かせる。

3 スパイスソースを作る。好みのスパイスを耐熱容器に入れ、フライパンで熱したオリーブオイルを加えて混ぜる。

4 フライパン（テフロン加工）で2を皮目から焼く。油は引かずに弱火から温度を上げていき、少し焦げ目がついたら裏返してフタをし、2分焼く。

5 器に盛って好みでトマトを添え、3を回しかける。

肉の色が変わるまでもみ込む。パプリカパウダーは辛みはありません。

point
フライパンに残った漬けだれも忘れずにかけてください。辛いものが苦手な人は、スパイスソース無しでも十分旨い！

鶏本来の水分を戻して

「正解の
から揚げ」
の作り方

むね肉の基本のから揚げ

材料（作りやすい分量）

- 鶏むね肉…1枚（300g）
- サラダ油…適量

〈漬け込み液〉

- A
  - 水…30㎖
  - 塩…2.5g（水の8％）
  - 砂糖…1.5g（水の5％）
  - 酢…少々

- B
  - 薄力粉…大さじ1と1/2
  - 片栗粉…大さじ1/2

〈つけ合わせ（好みで）〉

- みょうが
- ごま油、塩、いりごま…適量

〈三杯酢（好みで）〉

- みりん…大さじ2
- C
  - 砂糖…大さじ1
  - 酢…大さじ1
  - 醤油…少々

作り方

1 鶏肉は皮、筋を取り除き、大きめのぶつ切りにする。

2 ボウルにAを混ぜ合わせ、1を入れて軽く混ぜ、15分ほど漬ける。

3 2の肉の表面の水分をキッチンペーパーでふき取り、混ぜ合わせたBをまぶす。180度に熱した油で約4分揚げ、余熱で火を通す。

4 つけ合わせを作る。みょうがは縦4等分に切り、ごま油、塩と和えてごまを振る。

5 三杯酢を作る。耐熱容器にみりんを入れ、レンジで1分40秒加熱する。Cを加えて混ぜる。

point

しっとり、ジューシーな定番のから揚げ。3の作業はスピーディーに行なってください。時間が経つとせっかく肉に含ませた水分が出てきてしまいます。

しばらく漬けると、肉が漬け込み液をほとんど吸っている。

外パリッ！
中ジュワ～

まるで
専門店の味

もも肉のジューシー から揚げ

材料（作りやすい分量）

▸ 鶏もも肉…1枚（300g）
▸ サラダ油…適量

〈漬け込み液〉

A
  ▹ 水…25mℓ
  ▹ 酒…5mℓ
  ▹ 塩…2.5g（水分の8%）
  ▹ 砂糖…1.5g（水分の5%）
  ▹ にんにく（つぶす）…1/2片
  ▹ しょうが（薄切りにして叩く）…1/2片

▸ 醤油…小さじ1

B
  ▹ 薄力粉…大さじ1
  ▹ 片栗粉…大さじ1/2

皮で巻いて包むようなイメージで丸く
成型する。

作り方

1 鶏肉は筋、脂を取り除き、大きめのぶつ切りにする。

2 ボウルにAを混ぜ合わせて1を入れて軽く混ぜ、15分ほど漬ける。

3 2に醤油を加えて混ぜる。

4 3の肉の表面の水分をキッチンペーパーでふき取り、混ぜ合わせたBをまぶす。

5 皮で包むように成型し、片栗粉（分量外）を軽くはたく。170度に熱した油で約3分半揚げ、余熱で火を通す。

point

鶏に本来の水分量を香りと一緒に戻してから、皮で保護して揚げることで、外はパリッと中はジューシーに仕上げます。

「餡は多めで頼む。」

酢豚 〜肉巻き編〜

材 料 （ 2 〜 3 人 分 ）

- 豚バラ肉（薄切り）…250〜300g
- にんじん（細切り）…1/2本
- ピーマン（細切り）…3個
- タケノコ水煮（細切り）…40g
- 片栗粉…適量
- サラダ油…適量

〈甘酢餡〉

A
- 酢…大さじ3
  （香酢があれば、酢…大さじ2＋香酢…大さじ1）
- 砂糖…大さじ3
- ケチャップ…大さじ3
- 醤油…大さじ2
- 酒…大さじ2
- 鶏ガラスープの素…小さじ1
- 水…大さじ5
- はちみつ…小さじ1

- 水溶き片栗粉（水…大さじ1＋片栗粉…大さじ1）

作 り 方

1 豚肉を広げて並べ、にんじん、ピーマン、タケノコを巻き、片栗粉をまぶす。

2 フライパンに多めの油を熱し、1を弱火で揚げ焼きにする。表面がカリッとしたら、フタをして蒸し焼きにする。

3 甘酢餡を作る。肉巻きを取り出して油を少し残したフライパンにAを入れて沸騰させる。混ぜながら水溶き片栗粉を加えてとろみをつける。

4 肉巻きを半分に切って器に盛り、甘酢餡をかける。

野菜をやや手前寄りに置き、端の方を少しすぼめるようにして巻くと焼いたときにはみ出ない。

point
豚バラの脂が染み込んだ野菜としゃっきり食感のタケノコが最高！ 肉争奪戦（笑）が回避できる酢豚です。

口の中で
ジューシーが
大爆発

手羽先に詰めて焼く。

材料

▶ 手羽先（大きめのもの）…好きなだけ

〈タネ（手羽先1本あたりの分量）〉

▶ バター…10g

A ▶ 好みのきのこ（粗みじん）…大さじ1
　 ▶ にんにく（粗みじん）…1片
　 ▶ 塩…適量
　 ▶ オリーブオイル…適量

▶ 塩…適量
▶ 醤油…ひとまわし
▶ じゃがいも、大根など…好みで

作り方

1 手羽先の骨を抜く。関節を何度かねじるように動かして外し、骨の周りにある筋は指か包丁で切り離す。骨を軸にして、まな板に押し付けるようにしながら抜き取る。

2 混ぜ合わせたAを1に詰めてバターを入れ、つまようじで留める。皮の面に塩を振る。

3 フライパン（テフロン加工）で皮目の反対側から弱火で焼く。軽く焼き目がついたら裏返し、溶け出たバターを回しかけながら火が通るまでじっくり焼く。輪切りにしたつけ合わせの野菜も一緒に焼く。

4 皿に盛りつけ、醤油をかける。

できるだけ肉を残すように骨を抜く。

point
きのこの種類はマッシュルーム、しめじ、まいたけなど自由に。バター、肉汁、にんにくがきのこに染み込んで昇天ものです！

焼くとバターが溶け出てくるので、タネはできるだけいっぱいに押し込む。

梅酒チキン南蛮

材料（1〜2人分）

- ▶ 鶏むね肉…1枚
- ▶ 溶きたまご…1個
- ▶ 薄力粉…適量
- ▶ サラダ油…適量

〈たれ〉

A
- ▷ 梅酒…40㎖
- ▷ みりん…10㎖
- ▷ 酢…20㎖
- ▷ 醤油…少々

〈南蛮ソース〉

B
- ▷ 玉ねぎ（すりおろし）…大さじ1
- ▷ にんじん（すりおろし）…大さじ1
- ▷ ケーパー（みじん切り）…小さじ1
- ▷ マヨネーズ…大さじ1

- ▶ 塩、こしょう…各少々
- ▶ ズッキーニ、アスパラガスなど…好みで

作り方

1 鶏肉は皮と脂を取り除いて薄力粉をまぶし、溶きたまごを絡める。

2 フライパンに1〜2㎝の油を熱し、じっくり揚げ焼きにする。つけ合わせの野菜に残りのたまごを絡めて揚げる。

3 油を取り除いたフライパンにAを入れて熱し、沸騰したら2の肉を入れて絡める。

4 3と2の野菜を器に盛り、Bを混ぜ合わせた南蛮ソースをかけ、塩、こしょうを振る。

point 上品に梅が香るチキン南蛮。焦らずじっくり揚げて、衣をふっくら育ててあげてください。

こってりさわやかな絶品

我が家のしょうが焼き

材料（1人分）

- 豚バラ肉（薄切り）…200g
- しょうが（みじん切り）…1/2片
- A
  - 醤油…大さじ3
  - みりん…大さじ3
  - はちみつ…ひとまわし

〈つけ合わせ（好みで）〉

- もやし
- きゅうり（薄切り）

作り方

1 油を引かずに熱したフライパン（テフロン加工）に豚肉を入れて、脂が出てきたらキッチンペーパーで吸い取りながら焼く。焼き色がついたらしょうがを加え、香りが出たらAを入れ、たれをしっかり絡ませる。

2 器に盛り、好みで塩（分量外）を入れてゆでたもやし、きゅうりを添える。

point しょうが焼きのときは、チューブではなく生のしょうがを使ってほしい。つけ合わせはキャベツもいいけど、もやしが限界食堂流。

白飯が進む

王道こってり味

奪い合いが
起こる
やばいやつ

奪起鶏
（だっきどり）

材料（2人分）

- ▶ 鶏むね肉…1枚
- A ▶ 長ねぎ（青い部分）…1本
  - ▶ しょうが（叩く）…1/4片
  - ▶ にんにく（つぶす）…1片
  - ▶ 塩…ひとつまみ
  - ▶ 酒…大さじ1弱
- ▶ 太もやし…1袋
- ▶ ニラ（5〜6cm長さ）…1/2束

〈たれ〉

- B ▶ しょうが（すりおろし）…1/4片
  - ▶ にんにく（すりおろし）…1片
  - ▶ 醤油…大さじ1
  - ▶ みりん…大さじ1
  - ▶ 酒…大さじ1
- ▶ 片栗粉…適量
- ▶ オイスターソース…大さじ1
- ▶ サラダ油…適量
- ▶ ごま油…適量
- ▶ 塩、こしょう…各少々
- ▶ 水溶き片栗粉
  （水…大さじ1＋片栗粉…大さじ1）
- ▶ 長ねぎ（みじん切り、トッピング用）
  …1/3本
- ▶ 鷹の爪（輪切り）…好みで

作り方

1. 鶏肉は皮をはがし、筋を取り除く。皮は1cm角に切る。

2. 鍋に湯を沸かし、Aと1の身を入れる。再度沸騰したら火を消してフタをし、30分おく。

3. ボウルにBを混ぜ合わせ、そのうちの小さじ1を1の皮にもみ込み、片栗粉をまぶす。

4. フライパンに多めのサラダ油を熱し、3の皮を弱火で焼く。火が通ったら取り出し、細かく刻む。

5. 3のたれの残りにオイスターソースを加えて混ぜ合わせる。

6. フライパンにごま油を熱し、もやしを強火で炒める。塩、こしょうを振り、少ししんなりしたらニラ（半量）、5のたれを加える。さらに鶏をゆでた2のスープ（お玉2杯）と残りのニラを加える。

7. 一旦火を止め、水溶き片栗粉を入れてよく混ぜてから、再び火を入れる。

8. 皿にスライスした鶏肉を盛って7をかけ、4、ねぎ、鷹の爪を散らす。

point
パサつきがちなむね肉が超絶しっとりの絶品に出世します。普通のもやしでも作れますが、できれば太もやしを用意してほしい！

赤ワインのコクと上品な酸味

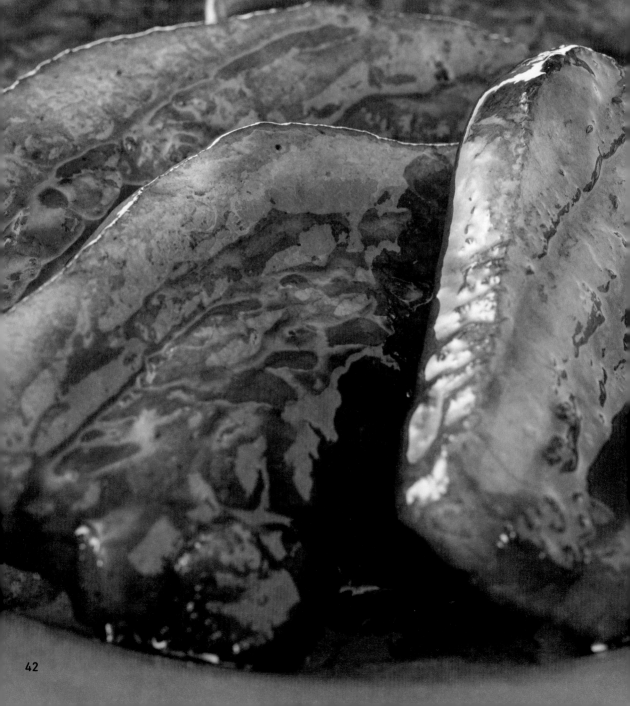

贅沢厚切り肉

豚の芳醇ワインテリヤキ

材料（2〜3人分）

- ▶ 豚バラ肉（かたまり）…200g
- ▶ 塩…2g（肉の2%）

A
- ▷ 赤ワイン…200㎖
- ▷ 酢…50㎖
- ▷ みりん…50㎖
- ▷ 砂糖…大さじ4
- ▷ 醤油…大さじ1
- ▷ 塩…小さじ1/4
- ▷ はちみつ…小さじ1
- ▷ ローリエ…1枚

作り方

1 豚肉は1cm厚さに切り、両面に塩を振る。

2 油を引かずに熱したフライパン（テフロン加工）に**1**を入れて焼く。肉の脂が溶け、少し焼き色がついたら裏返してこんがり焼く。

3 一旦肉を取り出し、油をふいたフライパンに**A**を入れて沸騰させる。肉を戻し入れ、たれを絡めながら煮る。途中でローリエを取り出してさらに煮絡め、ツヤが出てきたら完成。

point
和にも洋にもいけます。肉を焼いた後の油で、きのこやなすなど好みの野菜を焼けば、とびきりの一皿になります。

ほどける肉が
好きな
あなたへ贈る

かたまり肉の黒シチュー

材料（2人分）

- 牛ほほ肉（かたまり）…400g
- 玉ねぎ（繊維に沿って薄切り）…2個
- マッシュルーム（5mm厚さ）…10個
- デミグラスソース缶…1缶
- 赤ワイン（ミディアムボディ以上）
  …1本 ★アルパカの赤がおすすめ
- ローリエ…1枚
- 砂糖…大さじ4〜
- はちみつ…大さじ1
- サラダ油…適量
- 塩…適量
- 生クリーム…好みで
- パセリ…好みで

作り方

1 フライパンに油を熱し、牛肉の表面を焼き、塩を振る。

2 肉を小鍋に移してワイン（1/2本分）、ローリエを入れ、とろ火で1時間煮込む。（圧力鍋があれば、15〜20分加圧して煮込む。）

3 フライパンに油を熱し、玉ねぎを炒める。塩を振り、しんなりしてきたらマッシュルームを加えて軽く炒める。

4 2のローリエを取り出して大きめの鍋に移し、3、残りのワイン、砂糖を加え、フタをしてとろ火で1時間煮込む。

5 アクを取りながらさらに2時間煮込み、デミグラスソースを入れる。塩で味をととのえ、はちみつを加える。30分ほど煮込んでツヤが出てきたら器に盛って、好みで生クリームを回しかけ、パセリを散らす。

肉の表面を褐色に焼くことで、香ばしさと旨みが生まれる。

point
スジ肉やすね肉でもできます。手軽に作りたい場合はバラ肉スライスを使い、玉ねぎの後に肉を炒め、ワインのみで煮込んでください。

肉の頭が少し出る状態が目安。水分量が足りない場合や蒸発して減ったときは、少し水を足しながら煮込む。

これがこんにゃく？見た目も味も、完全に肉です。

ほぼにく丼

材料（2人分）

- ▶ 板こんにゃく…1枚
- ▶ 長ねぎ（ななめ切り）…適量
- ▶ ニラ（5cm長さ）…適量
- ▶ サラダ油…適量
- ▶ 牛脂…1個（あれば）
- ▶ ご飯…どんぶり2杯
- ▶ 小ねぎ（小口切り）…好みで
- ▶ いりごま…好みで

- A ▶ 焼肉のたれ（甘口）…大さじ5
- ▶ 酢…小さじ1

作り方

1 こんにゃくは縦長に半分に切り、ダイヤモンドカットにする。ななめ45度に細かく切り込みを入れていき、裏返して同様に切り込みを入れる。キッチンペーパーで水気をしっかり取る。

2 フライパンに1cm程度の油を熱し、弱火で1を揚げ焼きにする。水分が抜けるまで10〜12分ほどじっくり揚げる。油を切り、Aを混ぜ合わせたたれに30分〜半日漬け込む。

3 フライパンに油と牛脂を入れて熱し、2を焼く。長ねぎとニラも一緒に焼く。漬けていたたれを入れ、煮絡める。

4 ご飯を盛った器にニラ、長ねぎ、食べやすく切ったこんにゃくをのせ、好みで小ねぎやごまを散らす。

こんにゃくを上下から挟むように割りばしを置き、割りばしにあたるくらいまで切り込みを入れる。

point

安いこんにゃくがまるで中落ちカルビになります。ご飯と一緒に掻き込んでください。

油淋豆腐！

（ユーリンドーフ）

材料（2人分）

▸ 豆腐…1丁　▸ 片栗粉…適量
▸ サラダ油…適量
▸ いりごま…好みで

〈 合わせだれ 〉

A ▸ 甘口醤油…大さじ2
　（普通の醤油の場合は
　砂糖…小さじ1を加える）
　▸ みりん…大さじ2
　▸ 酒…大さじ2
　▸ 酢（あれば香酢）…大さじ1
　▸ ごま油…小さじ1
　▸ にんにく（すりおろし）…1片
　▸ しょうが（すりおろし）…1/3片

B ▸ にんにく（粗みじん）…2片
　▸ しょうが（みじん切り）…2/3片
　▸ 長ねぎ（みじん切り）…1本
　▸ 鷹の爪（輪切り）…好みで

作り方

1 合わせだれを作る。耐熱容器にAを混ぜ合わせ、レンジで1分加熱する。

2 豆腐は水切りして、半分の厚さに切る。1のたれを豆腐の両面に薄く塗り、片栗粉を多めにまぶす。

3 残ったたれにBを入れて混ぜる。

4 フライパンに1cm程度の油を入れて熱し、2を揚げ焼きにする。焼き色がついたら取り出し、食べやすい大きさに切る。器に盛り、3をかけ、好みでごまを散らす。

point 豆腐は絹でも木綿でもOKですが、限界食堂おすすめは絹。豆腐置き換え？　いいえダイエットには向きません（笑）。

鶏のかわりではない、豆腐じゃないと出せない味

第 **3** 章

つまみ
&
副菜

名脇役赤い宝石

やばいとまと

材料（作りやすい分量）

- ミニトマト…15〜20個
- 砂糖（あればきび砂糖）…50g
- 水…200㎖
- ハーブ（タイム、ミントなど）…好みで

皮は簡単にツルッとむける。つまようじを使えばむきやすい。

作り方

1 鍋に湯を沸かし、ヘタを取ったミニトマトを浸す。皮がめくれてきたら湯から上げる。

2 キッチンペーパーで水気をふき取り、皮をむいて清潔な耐熱容器に入れる。好みでハーブを加える。

3 鍋に水、砂糖を入れて沸騰させ、熱いまま2にそそぎ入れる。冷蔵庫で一晩寝かせる。

point さわやかな香りと甘みがたまらないおばんざい。冷蔵で1週間程度保存できますが、すぐに無くなること請け合いです。

やばい大葉

材料（作りやすい分量）

- ▶ 大葉…10枚
- **A** ▶ 甘口醤油…大さじ1
  （普通の醤油の場合は砂糖
  …小さじ1を加える）
  - ▶ みりん…大さじ1
  - ▶ 酒…大さじ1
  - ▶ 鷹の爪…1本、好みで

作り方

1 大葉は洗ってしっかり水気をふき取り、清潔な耐熱容器に入れる。

2 鍋に **A** を入れてひと煮立ちさせてアルコールを飛ばす。

3 熱いままの **2** を **1** にそそぎ入れ、常温まで冷ます。

point 冷めたらすぐに食べられます。日が経つとしっかり漬けに。イチオシの食べ方は、たまごかけご飯にのせて。冷蔵で1週間程度保存できるので、多めに仕込むことを強くすすめます。

甘みの中でさわやかな
香りがはじける

スーパー薬味

仕込みは秒殺、無限に食べられる

うずら漬け2種

材料 (作りやすい分量)

〈醤油漬け〉

▶ うずらたまご (水煮)
…10個
▶ 醤油…大さじ2
▶ みりん…大さじ1/2強
▶ かつお節…2g
▶ にんにく (つぶす) …1片
▶ 鷹の爪…好みで

〈味噌漬け〉

▶ うずらたまご (水煮)
…10個

A
▶ 八丁味噌…大さじ2強
▶ みりん…大さじ2
▶ にんにく
(すりおろし) …1片
▶ 鷹の爪…好みで

作 り 方

〈醤油漬け〉

1 ポリ袋にすべての材料を入れてなじませる。

2 冷蔵庫で半日以上漬ける。

〈味噌漬け〉

1 ポリ袋にAを入れてよくもんで混ぜる。うずら卵を入れてなじませる。

2 冷蔵庫で半日以上漬ける。

point パックのうずらをゆでてもOK。おつまみに最適ですが、味噌を落とさずおにぎりの具にしてもやば過ぎる旨さ！冷蔵で3日ほど持ちます。

独自製法フライドポテト

材料

▶ じゃがいも…好きなだけ
▶ サラダ油…適量
▶ 塩…少々

じゃがいもをまるごと揚げる。実と皮の間に少しすき間ができれば成功。

作り方

1 じゃがいもはよく洗って水気をふき取る。

2 鍋にじゃがいもが浸かるくらいの油を入れ、160度に熱して45分揚げる。

3 油から上げ、常温になるまで30分ほど寝かせる。

4 食べやすい大きさに切り、180度の油で1分半揚げる。塩を振っていただく。

point 驚くほどじゃがいもが甘くなります。低温でじっくり揚げてから高温で二度揚げすることで、中はほくほく、表面はカラッと仕上げます。

じゃがいものポテンシャル

あの頃の
ご馳走

おかんのスパサラ
〜玉ねぎ不要〜

材料（作りやすい分量）

- ▸ きゅうり…2〜3本
- ▸ にんじん（千切り）…1/2本
- ▸ ベーコン（拍子木切り）…60g
- ▸ パスタ…100g

A
- ▸ マヨネーズ…大さじ3
- ▸ 醤油…小さじ1

- ▸ こしょう…好みで
- ▸ からし…好みで

作り方

1 きゅうりは輪切り（半量はごく薄いスライス、残りの半量は2〜3mm厚さ）にして塩もみする。10〜15分おいたら水でゆすいでしっかり絞る。

2 油を引かずに熱したフライパンにベーコンを入れてこんがり焼く。焼き色がついてベーコンの脂が出てきたら、弱火にしてにんじんを加えてさっと炒める。

3 大きめのボウルに**1**のきゅうりを入れ、**2**を熱いまま加えてよく混ぜる。さらに**A**を加えて混ぜる。

4 塩（分量外）を入れて表示の時間通りにゆでたパスタを熱いまま**3**に入れてすばやく混ぜる。好みでこしょうを振り、からしを添えていただく。

point

厚さを変えてミックスしたきゅうりが食感ヨシ！ 冷やしてもいいですが、ぜひ一度温かいままクリーミーさを味わってください。がっつり&わしわし食べられる味です。

サクサク食感 ピリ辛おつまみ

カラムーチョサラダ

材料（作りやすい分量）

- ささみ…3本
- にんじん（千切り）…1/2本
- カラムーチョ（スティック、小袋）…1袋
- カイワレ大根…1パック
- マヨネーズ…大さじ1〜2
- 中華調味料（ペースト）…適量 ★おすすめは創味シャンタン

作り方

1 鍋に中華調味料を入れて湯を沸かし、沸騰したらささみを入れる。すぐに火を止めてフタをし、30分ほど放置する。

2 1を食べやすい大きさにほぐして、にんじん、マヨネーズと和える。カラムーチョ（半量）を加えて混ぜ、冷蔵庫で1時間ほど寝かせる。

3 残りのカラムーチョとカイワレ大根を入れ、ふわっと混ぜる。

point 生のにんじんが苦手な人は、ささみをゆでた後のスープで軽くゆでてください。カラムーチョは2回にわけて入れることで、水分を吸ったしっとり食感＆後入れサクサク食感が楽しめます。

居酒屋のたたききゅうり

材料（作りやすい分量）

▶ きゅうり…1本

A ▷ 昆布茶…少量
　　▷ ごま油…少量
　　▷ 塩…少量
　　▷ 鷹の爪…好みで

作り方

1 厚めのポリ袋にきゅうりを入れて麺棒で叩き、軽くほぐす。**A**を加えてもみ、冷蔵庫で1時間漬ける。

point
簡単過ぎて特にコツはありません！
麺棒が無ければビンなどの硬いものにタオルを巻いて代用すればOK。

最速で完成
つまみにも
副菜にも

冷たいおかず
しっとり輝く

濃厚味

水晶鳥のユッケ

材料（作りやすい分量）

- 鶏むね肉…1枚
- きゅうり…2本
- 酒…適量
- 片栗粉…適量
- 卵黄…1個
- いりごま…好みで

〈たれ〉

A
- コチュジャン…大さじ2〜3
- 砂糖…大さじ1
- にんにく…適量
- みりん…大さじ1
- 醤油…大さじ2

- ごま油…小さじ1

作り方

1 耐熱容器にAを混ぜ合わせ、レンジで1分20秒加熱する。ごま油を加えて混ぜ、冷蔵庫で冷やしておく。

2 きゅうりは輪切り（半量はごく薄いスライス、残りの半量は2〜3mm厚さ）にして塩もみする。10〜15分おいたら水でゆすいでしっかり絞る。冷蔵庫で冷やしておく。

3 鶏肉に酒を振りかけ、しばらくおく。皮と筋を取って薄くスライスし、片栗粉をまぶす。

4 鍋に湯を沸かして塩（分量外）を入れ、3をゆでる。このとき、あまり混ぜないように注意。火が通ったら、すぐに氷水に取って冷やす。

5 器に鶏肉ときゅうりを盛り、卵黄をのせてたれを回しかける。好みでごまを散らす。

片栗粉をまぶしてゆで、すぐに氷水に取ることで、つるんとした食感になる。

point

たまごを絡めた甘辛味がたまらない旨さ。辛いものが苦手な人は、コチュジャンを味噌に変えてもOKです。

香ばし醤油の
ヘビロテつまみ

はんぺんバター醤油

材料（作りやすい分量）

▶ はんぺん…1枚
▶ バター…適量
▶ 醤油…少量

作り方

1 はんぺんに十字に切り目を入れ、薄くバターを塗ったアルミホイルにのせる。

2 トースターで焼き、少しふくらんできたら醤油を塗り、再びトースターで焼く。はんぺんを切り分け、バターをのせる。

point
「旨い・安い・簡単・早い」四拍子そろったつまみです。温かいうちにいってください。

夏のゴーヤチャンプルー

材料（2～3人分）

- ▶ ゴーヤ…1本
- ▶ 木綿豆腐…1丁
- ▶ ランチョンミート
  （拍子木切り）…1/3缶
- ▶ 溶きたまご…2個
- ▶ 塩…2つまみ
- ▶ 和風粉末だし…4g
- ▶ ごま油…適量
- ▶ 醤油…ごく少量
- ▶ かつお節…適量

作り方

1 ゴーヤは縦半分に切ってワタを取り、5～6mm幅に切る。

2 フライパンにごま油を引き、木綿豆腐を手でちぎりながら入れて塩を振り、しっかり焼く。少し焦げ目がついて豆腐が硬くなってきたら、ゴーヤ、ランチョンミート、粉末だしを加えて炒める。

3 醤油を回し入れ、軽く溶いたたまごの半量を加える。たまごに火が通ったら、残りの半量を入れて火を止め、軽く混ぜる。器に盛り、かつお節をかける。

point たまごは時間差で入れることで半熟に仕上げます。豆腐は水切りせず、しっかり焼いて水分を飛ばします。全工程、あまり混ぜ過ぎないことがコツ。

にがうま
手順だけ
守ってほしい

電子レンジ
だけで
ここまで
できる!

レンジde本格エビチリ

材料（1〜2人分）

- ▶ エビ…10〜12尾
- ▶ 酒…適量
- ▶ 塩、こしょう…各適量
- ▶ ごま油…大さじ1
- ▶ 片栗粉…大さじ2
- ▶ 長ねぎ（みじん切り）…1本
- ▶ にんにく（みじん切り）…1片
- ▶ 長ねぎ（みじん切り、トッピング用）…好みで

〈たれ〉

A
- ▷ ケチャップ…大さじ3 ★おすすめはハインツ
- ▷ 酒…大さじ5
- ▷ みりん…大さじ2
- ▷ 醤油…大さじ1
- ▷ 豆板醤…小さじ1〜2
- ▷ しょうが（すりおろし）…小さじ1/2
- ▷ 酢…好みで

材料を全部混ぜてレンチンするだけ。

作り方

1 エビに酒を振りかけ、しばらくおく。殻をむいて背ワタを取り、塩水で洗う。

2 1に塩、こしょうを振り、ごま油を絡め、片栗粉をまぶす。

3 耐熱容器にAを入れてよく混ぜ、2、にんにく、ねぎを加えて混ぜる。ふんわりとラップをかけ、レンジで4分加熱する。

4 軽く混ぜ合わせて器に盛り、好みでねぎ（トッピング用）を散らす。

point
驚くほど簡単なのに味は抜群の本格中華。プリプリのエビチリは、ビールのつまみにも、白いご飯にも合います。

肉長いも

材料（2人分）

- 長いも（2cm厚さの半月切り）…250g
- 牛薄切り肉…150g
- 長ねぎ（ななめ切り）…1本
- ごま油…適量
- にんにく（みじん切り）…1片
- 長ねぎ（ななめ薄切り、トッピング用）…好みで

〈たれ〉

A
- 醤油…大さじ3
- みりん…大さじ2
- 酒…大さじ2
- 酢…小さじ1、好みで

作り方

1 フライパンにごま油、にんにくを入れ、弱火で熱して香りを出す。長いも、ねぎを入れて中火にし、軽く炒める。

2 牛肉を入れて混ぜ合わせ、少し表面の色が変わってきたらAを加え、水（分量外）をひたひたに入れて煮立てる。

3 アクが出たら取り除き、弱火にして15分ほど煮た後、火を止めて5分ほどおく。

4 器に盛り、好みでねぎ（トッピング用）をのせる。

point 肉じゃがより少ない材料で、短時間で完成するのが嬉しい「大人の肉じゃが風」。サクサクほくほく食感の長いもは絶品！

第4章

第4章

ご飯もの

トロトロ派によるトロトロトロ派のためのオムライス

洋食屋のオムライス
〜レンジでデミグラス付き〜

材料（1人分）

- ▶ 玉ねぎ（粗みじん）…1/2個
- ▶ ベーコンブロック（角切り）…40g
- ▶ たまご（常温）…3個
- ▶ サラダ油…適量
- ▶ ケチャップ…大さじ2
- ▶ みりん…大さじ1
- ▶ ご飯…茶碗大盛り1杯

〈デミグラスソース〉

A ▶ ビーフシチューの素（刻む）…1片
　 ▶ 水…100㎖
　 ▶ インスタントコーヒー…小さじ1/2

- ▶ バター…12g
- ▶ はちみつ…3まわし

作り方

1 デミグラスソースを作る。耐熱容器に**A**を入れ、レンジで1分40秒加熱する。バター、はちみつを加えてとろみが出るまでよく混ぜる。

2 たまごはしっかり混ぜてザルでこす。

3 フライパンに油を引き、ベーコンを弱火でじっくり炒める。焼き色がついたら玉ねぎを入れてさらに炒める。

4 玉ねぎに火が通ったら具材をフライパンの片側に寄せ、空いたところにケチャップ、みりんを入れる。ケチャップとみりんを混ぜ、水分が飛ぶまでしばらく待つ。

5 ケチャップの上にご飯を入れ、ほぐして全体を混ぜ合わせ、器に盛る。

6 きれいにしたフライパンに多めの油を引き、中〜弱火で熱し、**2**を入れてゆすりながら菜箸で混ぜる。半熟状に固まり始めたら火を止める。シリコンヘラで形をととのえてオムレツ状にし、**5**にのせて**1**をかける。

半熟になったら火を止める。オムレツにせず、フライパンからそのまますべらせるようにご飯にのせてもよい。

point
トントン無しでも半熟オムライスは作れます。たまごは必ずザルでこすことがコツ。

仕込み5分！

しっとり、香ばし、やわらかい

焦がし味噌豚丼

材料（大盛り1人分）

- ▶ 豚ロースかたまり肉
  （またはしょうが焼き用）…200g
- ▶ 長ねぎ（ななめ切り）…1/3本
- ▶ ご飯…どんぶり1杯
- ▶ カイワレ大根（またはスプラウト）
  …好みで
- ▶ 長ねぎ（ななめ薄切り、トッピング用）
  …好みで

〈味噌だれ〉

- A ▶ 味噌…大さじ2
  - ▶ みりん…大さじ2
  - ▶ 酒…大さじ1
  - ▶ 醤油…小さじ1
  - ▶ にんにく…少々、好みで

作り方

1 豚肉は5mm厚さに切る。

2 Aを混ぜ合わせて味噌だれを作り、1を15分ほど漬け込む。

3 フライパンにクッキングシートを敷き、2を弱火で焼く。少し焦げ目がついたら裏返し、ねぎを加えてフタをし、30秒ほど蒸し焼きにする。

4 器に盛ったご飯にのせ、好みでカイワレ大根とねぎ（トッピング用）を添える。

クッキングシートに火が当たらないように、フライパンのサイズに切って敷く。洗い物の手間も減ります。

point

味噌が焦げる香りは脳天直撃の旨さ！ 肉を味噌だれに漬け込んだ状態で冷凍保存も可能です。

鶏がぷりぷり釜めし風

鳥めし〜簡単混ぜるだけ〜

材料（作りやすい量）

- 米…2〜3合
- 鶏もも肉…1枚
- ごぼう（ななめ薄切り）…1/2本
- 長ねぎ（ななめ薄切り）…2/3本
- 梅干し…1個
- 塩…適量

〈たれ〉

A
- 醤油…大さじ4
- みりん…大さじ2
- 酒…大さじ2
- 砂糖…大さじ2

〈ねぎだれ〉

B
- 長ねぎ（みじん切り）…1/3本
- にんにく…適量
- ごま油…適量
- 塩…少々

- 卵黄…1個（1人分あたり）
- いりごま…好みで

作り方

1 米を洗い、炊飯釜の目盛り通りに水（分量外）をそそぐ。梅干しを入れて通常通りに炊く。

2 ごぼうは2〜3分水にさらし、水気を切っておく。

3 鶏肉は皮をはがし、筋と脂を取り除き、ひと口大に切る。皮は塩を振ってしばらくおく。水分が出てきたら水洗いし、キッチンペーパーでしっかり水気をふき取る。

4 フライパンに3の皮を入れ、弱火で両面こんがり焼く。カリカリになったら細かく刻む。

5 4のフライパンで、ごぼうを弱火で炒める。火が通ったら鶏肉を入れ、焼き色がついたら、Aを入れて煮る。

6 半分くらいまで煮詰まったら、具材を炊き立ての炊飯釜に入れて混ぜ合わせる。たれの量は好みで調整する。ねぎ（ななめ薄切り）を加えて混ぜる。

7 器に盛り、Bを混ぜ合わせたねぎだれ、卵黄をのせ、4を散らす。好みでごまを振る。

ご飯もの

皮を焼くときは、油は引かなくてよい。皮から出た油でこの後ごぼうを炒める。

point

米は2合でしっかり味、3合で薄味です。ねぎ（ななめ薄切り）は熱々のご飯に混ぜることで、ちょうどよい具合に火が通ります。

揚げない天ぷら

焼き天茶漬け

魔の夜食

材料（1人分）

〈焼き天〉

- ご飯…握り寿司の
シャリくらい
- 天かす…大さじ2
- 小エビ（乾燥）…大さじ2
- 醤油…適量
- ごま油…適量

- ご飯…茶碗1杯
- だし汁または
緑茶、ほうじ茶…適量
- 好みの薬味
（小ねぎ、わさび、
いりごま、のりなど）
…適量

作り方

1 焼き天を作る。ラップ2枚でご飯をはさみ、麺棒でつぶして薄くのばす。

2 一旦ラップをめくって天かす、小エビをのせ、醤油、ごま油を振りかける。

3 ラップを戻し、再び麺棒でつぶしながらのばす。

4 フライパン（テフロン加工）で3をご飯側の面から弱火で焼く。天かすの油が出てパチパチと音がしてきて、ご飯が固まったら、裏返して具材の面を軽く焼く。

5 茶碗にご飯を盛り、4をのせる。好みの薬味をのせ、だし汁かお茶をかけていただく。

point
市販の白だしに少し醤油をたらして、お湯で薄めれば即席だし汁に。カリカリの焼き天をくずしてお召し上がりください。

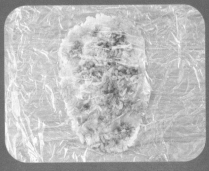

できるだけ均一に薄くのばす。麺棒が無ければラップの芯などで代用できる。

73

パサパサはパラパラじゃありません。

本当に旨い炒飯

材料（1人分）

- ▶ ご飯…茶碗大盛り1杯
- ▶ たまご…1個
- ▶ 長ねぎ（小口切り）…1/2本
- ▶ チャーシュー（角切り）…20g
- ▶ ラード…大さじ1
- ▶ サラダ油…適量
- ▶ 塩、こしょう…各少々
- ▶ しょうが（チューブ）…2cm
- ▶ チャーシューの煮汁…適量
  （なければ醤油…適量＋砂糖…ひとつまみ）
- ▶ 長ねぎ（みじん切り、トッピング用）
  …好みで

作り方

1 炊き立てまたはレンジで温めたご飯にラードをしっかり混ぜ合わせる。

2 フライパンに多めの油を引き、しょうがを入れて強火で熱する。軽く溶いたたまごをフライパンに入れ、すぐに1を入れて混ぜ合わせる。

3 ねぎ、チャーシューを加えて、塩、こしょうを振って炒める。鍋肌からチャーシューの煮汁を入れて香りを出し、混ぜ合わせる。器に盛り、好みでねぎ（トッピング用）を散らす。

point ラードは必須アイテム。米をコーティングし、水分を保ったままパラパラに仕上げます。火加減は全工程強火で、スピード命！

74

青のりバターのっけ飯

材料（1人分）

- ▶ はんぺん（1cm角）…1袋
- ▶ 青のり…大さじ1強
- ▶ 粉チーズ…大さじ1
- ▶ バター…15g
- ▶ ご飯…茶碗1杯
- ▶ 醤油…適量

作り方

1 大きめのボウルに青のりと粉チーズを混ぜ合わせる。

2 フライパンにバターを入れて熱し、はんぺんを入れて焼く。焼き目がついてふくらんできたら、1のボウルに入れてすばやく混ぜ合わせる。

3 茶碗に盛ったご飯に2をのせ、醤油を回しかける。

point 好みで卵黄をのせても半端なく旨い！ ふわっと青のりが香ばしい、夜食や飲んだ後の〆に最適な一品。

めんどくさい日の

5分でできる、

救世主

レンチンで
だれでもプロ級

本格派

スパイス香る
キーマカレー

材料（4～5皿分）

▸ カシューナッツ…5g
▸ くるみ…5g
▸ アーモンド…5g
★カシューナッツ入りのミックスナッツ合計15g

A ▹ 玉ねぎ（みじん切り）…1/3個
 ▹ にんにく（みじん切り）…1片
 ▹ トマト缶（カット）…1缶

B ▹ 合いびき肉…300g
 ▹ 玉ねぎ（みじん切り）…2/3個
 ▹ 塩…少量
 ▹ こしょう（あらびき）…少量

C ▹ カレールー…4片
 ▹ ウスターソース…大さじ1
 ▹ はちみつ…少々
 ▹ バター（またはオリーブオイル）…15～20g

▸ カルダモン…適量
▸ クミンシード…適量
▸ ご飯…茶碗大盛り1杯（1皿あたり）
▸ 卵黄…1個（1皿あたり）
▸ ししとう…好みで

作り方

1 ナッツはぬるま湯に浸して1時間以上おく。

2 Aと1をミキサーに入れ、なめらかになるまで攪拌する。

3 耐熱容器にBと2を入れてよく混ぜる。

4 3にCを入れる（ここでは混ぜなくてよい）。バターの上にカルダモンとクミンシードを振る。

5 ラップをかけてレンジで13分加熱し、よく混ぜる。器に盛ったご飯にかけ、卵黄をのせる。好みで焼いたししとうを添える。

写真は1/2量です。半量の場合、レンジ加熱時間は7～8分で調整してください。

point
レンチンするときスパイスをバターの上にのせるようにすると、香りがよく立ちます。ご飯にもナンにも合う本格的な味。冷凍保存OKです。

ふわトロ卵

ごま油香るねぎ飯

餡だく天津飯

材料（1人分）

〈カニ玉〉

▶ たまご…2〜3個

▶ カニカマ…2本

▶ タケノコ水煮（細切り）…10〜15g

▶ サラダ油…適量

▶ 長ねぎ（みじん切り、トッピング用）
　…好みで

〈ねぎ飯〉

▶ ご飯…茶碗大盛り1杯分

A ▷ 長ねぎ（みじん切り）…10cm

　 ▷ ごま油…大さじ1

　 ▷ 塩…少量

〈餡〉

B ▷ 水…250㎖

　 ▷ 酒…70㎖

　 ▷ 醤油…大さじ1

　 ▷ みりん…大さじ1

　 ▷ 中華調味料（ペースト）
　　 …大さじ1 ★おすすめは創味シャンタン

　 ▷ 酢…小さじ1

　 ▷ はちみつ…小さじ1

▶ 水溶き片栗粉
　（片栗粉…大さじ1＋水…大さじ1）

作り方

1 Aを混ぜ合わせてしばらくおく。なじんだら温かいご飯に混ぜ合わせる。

2 餡を作る。鍋にBを入れて火にかける。沸騰したら一旦火を止め、水溶き片栗粉を入れてよく混ぜ、再び火を入れる。

3 しっかり溶いたたまごにカニカマを手でほぐし入れて混ぜる。

4 フライパンに油を熱し、タケノコを炒める。少し水分が飛んだら**3**を入れ、菜箸で中心に寄せるようにかき混ぜ、半熟状に固まり始めたら中央に**1**をのせる。

5 たまごの縁をヘラでととのえて、皿に返す。キッチンペーパーを被せて手で丸く形をととのえ、**2**をかける。好みでねぎを散らす。

point

タケノコはたまごに混ぜず単独で炒めることで、食感＆旨みUP。餡の分量は特盛りです。追いあんかけでどうぞ。

皿にひっくり返すときに多少形が崩れても、後でととのえれば大丈夫。

フライパン
だけで完結

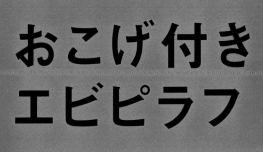

おこげ付き
エビピラフ

材料（28cmフライパン）

- 米…2合
- 玉ねぎ（みじん切り）…1/4個
- にんじん（5mm角）…1/3本
- ピーマン（5mm角）…1/2個
- パプリカ（5mm角）…1/4個
- 酒…適量
- 片栗粉…適量
- エビ…6〜7尾
- バター…20g
- オリーブオイル …大さじ4
- コンソメ（刻む）…1個
- ブイヨン（刻む）…1個 ★マギーブイヨンがおすすめ
- 水…350ml
- 塩、こしょう…各適量

作り方

1 エビは殻をむいて背ワタを取り、酒を振ってしばらくおく。片栗粉をまぶしてもみ込んで汚れを出し、よく水洗いする。

2 フライパンを弱火で熱し、バターを入れて玉ねぎ、にんじんを炒める。

3 火が通ったらフライパンの端に寄せ、空いたところにオリーブオイルを入れ、洗った生米を入れる。焦げないように全体を混ぜながら炒め合わせ、米が白くなり始めたらコンソメ、ブイヨンを入れ、水をそそぎ入れる。

4 軽く混ぜたら1、ピーマン、パプリカをのせ、塩を振る。フタをして10〜15分炊く。パチパチと音がしてきたら火を止め、こしょうを振る。

point 火加減は最初から最後まで弱火で。アルデンテ仕様なので、芯まで火を通したい場合は火を止めた後、フタをしたまま15分蒸らしてください。

米を炒めていくと半透明になった後、白くなる。白くなり始めたところでストップ。

しっとり極上

肉汁
あふれる

極上ローストビーフ丼
〜ソース2種と〜

材料（3〜4皿分）

- 牛赤身肉（モモまたはランプ）…300g
- 塩…適量
- こしょう…適量
- オリーブオイル…適量
- ローズマリー…1本
- ご飯…どんぶり1杯（1皿あたり）
- 卵黄…1個（1皿あたり）

〈漬けだれ＆醤油ソース〉

A
- ▸ 玉ねぎ（すりおろし）…1/2個
- ▸ にんにく（すりおろし）…1片
- ▸ 醤油…大さじ2
- ▸ みりん…大さじ2
- ▸ レモン汁…小さじ1（レモン1/4個）

- ▸ はちみつ…ひとまわし

〈わさびマヨネーズソース〉

B
- ▸ マヨネーズ…大さじ2
- ▸ 牛乳（または生クリーム）…大さじ1
- ▸ わさび…小さじ1/2
- ▸ にんにく…少々
- ▸ 塩、こしょう…各少々

作り方

1 牛肉の両面に塩を振る。

2 フライパンにオリーブオイル、ローズマリーを入れて火にかけ、香りを出す。強火にして肉を入れ、表面を30秒ずつ焼いたら肉を取り出す。両面にこしょうを振ってなじませる。

3 耐熱ポリ袋にAを混ぜ合わせて肉を入れ、空気を抜く。

4 鍋にたっぷりの湯を沸かす。沸騰したら火を止めて3を入れ、肉が湯につかるように皿などを重石にして、15〜20分おく。鍋から取り出して、さらに15分寝かせる。

5 2のフライパンからローズマリーを取り出し、4の漬けだれだけを入れ、弱火で熱して沸騰したらはちみつを加える。煮詰めてとろみがついたら醤油ソースの完成。

6 Bを混ぜ合わせ、わさびマヨネーズソースを作る。

7 4を好みの厚さに切り、器に盛ったご飯にのせて、卵黄をのせる。5を回しかけ、6を添える。

point
肉汁、旨み、香りが口の中にあふれ出します。丼ではなく、そのままいただいても◎。

炊き込みご飯
〜〆はお茶漬けで〜

材料（作りやすい量）

- ▶ 米…2合
- ▶ なめ茸…大さじ2
- ▶ 塩昆布…2つまみ
- ▶ 薬味（小ねぎ、のりなど）…好みで
- ▶ だし汁（白だしをお湯で割る）…好みで

作り方

1 米を洗い、炊飯釜の目盛り通りに水（分量外）をそそぐ。なめ茸と塩昆布を入れ、軽く混ぜる。

2 通常通りに炊く。好みの薬味とだし汁を用意し、お茶漬けにしてもよい。

point 材料2つ入れて炊飯器のスイッチを押せばもう完成です。〆はお茶漬けでぜひ。

世界一簡単な炊き込みご飯

第 5 章

麺

何度でも作りたい
永遠の定番

基本の
トマトソースパスタ

材料（1人分）

▸ パスタ…100g
▸ 塩…適量
▸ バジル…好みで
▸ EXVオリーブオイル…好みで

〈トマトソース（約5皿分）〉

▸ トマト缶（ホール）…2缶
▸ 玉ねぎ（くし切り）…1/6個
▸ にんじん（大きめの乱切り）…1/3本
▸ セロリ（筋を取って叩く）…1/3本
▸ ピュアオリーブオイル…大さじ2強

作り方

1 鍋にオリーブオイルを熱し、玉ねぎ、にんじん、セロリを弱火でじっくり炒める。

2 少し焦げ目がついたらトマト缶を入れてつぶし、30分ほど煮込む。野菜を取り出してトマトソースの完成。好みでザルでこしてもよい。

3 別の鍋に塩（分量外）を入れて湯を沸かし、パスタを表示の時間より1分短くゆでる。

4 フライパンに2のトマトソース（1/5量）を取り分けて温め、塩、3を入れて軽く混ぜる。器に盛り、好みでバジルをのせ、EXVオリーブオイルをかける。

焦げつかないようにときどきかき混ぜながら煮込む。

point

さわやかな酸味が絶妙な定番のトマトソースです。トマトソースは小分け冷凍保存しておけば、肉や魚料理のソース、スープ、サラダのドレッシングなど、いろいろ楽しめます。

麺

緑の魅惑 日本のハーブ

紫蘇ジェノベーゼパスタ

材料（1人分）

- パスタ…100g
- 塩…適量
- 大葉（千切り、トッピング用）…好みで
- パルメザンチーズ…好みで

〈紫蘇ジェノベーゼソース（約4皿分）〉

- 大葉…50g
- カシューナッツ…30g
- くるみ…10g
- にんにく…1片
- EXVオリーブオイル…150㎖

作り方

1 カシューナッツとくるみはぬるま湯に浸して1時間以上おく。

2 大葉は洗ってしっかり水気をふき取り、茎を取る。

3 ミキサーに**1**、**2**、にんにく、オリーブオイルを入れ、なめらかになるまで撹拌する。ジェノベーゼソースの完成。

4 鍋に塩（分量外）を入れて湯を沸かし、パスタを表示の時間より1分短くゆでる。

5 ボウルに**3**を大さじ2ほど取り分け、塩、**4**を入れて混ぜ合わせる。器に盛り、好みで大葉（トッピング用）、パルメザンチーズをかける。

麺

ジェノベーゼソースは清潔な保存容器に入れて表面にオリーブオイルで膜を作っておけば、冷蔵で約1週間保存できる。

point

立ち込める大葉の香りがたまりません。ミキサーは少量ではうまく撹拌できないため、1～2人分のソースを作りたい場合はすり鉢を使ってください。大葉好きは一度お試しあれ。

B級グルメの極致！

名古屋喫茶店のナポリタン

材料（1人分）

- スパゲティ（2.2mm）…100g
- 塩…適量
- ソーセージ（細切り）…3本
- 玉ねぎ（薄切り）…1/4個
- マッシュルーム（4〜5mm厚さ）…3個
- ピーマン（細切り）…1個
- 溶きたまご…1個
- ケチャップ…大さじ4
- 中濃ソース…小さじ1
- はちみつ…ひとまわし
- 塩、こしょう…各少々
- サラダ油…適量

作り方

1 フライパンに油を熱し、ソーセージ、玉ねぎを炒め、軽く塩を振る。しんなりしたらマッシュルームを加えて炒める。

2 ケチャップ、中濃ソースを入れ、弱火で水分を飛ばすようにじっくり炒める。

3 はちみつを入れ、さらに煮詰める。ピーマンを加えて火が通ったら、塩（分量外）を入れて表示の時間通りにゆでたパスタを加えて混ぜ合わせ、ゆで汁で濃度をととのえる。

4 溶きたまごに塩、こしょうを加え、別のフライパンで薄く焼く。薄焼きたまごを皿に移し、その上に**3**を盛る。

point 喫茶店の鉄板ナポリタンを再現。スパゲティはできるだけ極太麺を用意してください。もちもちが本場の味です。

焼トマトパスタ

材料（1人分）

- パスタ…100g
- トマト（厚めの輪切り）…1個
- にんにく（つぶす）…1片
- パン粉…適量
- ハーブソルト…適量
- オリーブオイル…適量
- パルメザンチーズ…適量
- イタリアンパセリ…好みで

point 中がふつふつになったトマトを崩しながら食べてください。甘いトマトソースとハーブパン粉の組み合わせが抜群！

作り方

1 フライパンにパン粉、ハーブソルトを入れ、弱火で1〜2分サクサクになるまで煎る。

2 フライパンにオリーブオイル、にんにくを入れ、弱火で熱して香りを出す。にんにくを取り出し、トマトを少し焦げ目がつくまで両面じっくり焼く。

3 塩（分量外）を入れて表示の時間通りにゆでたパスタをボウルに移し、2のフライパンに残った油を加えて和える。

4 器に盛って2をのせ、1を振りかけてパルメザンチーズをかける。好みでイタリアンパセリを散らす。

麺

完熟トマトのフレッシュソース

いつもの材料で
ただならぬ
旨さ

極 焼きそば

材 料（1人分）

- ▶ 麺（太麺）…1袋
- ▶ ニラ（7～8cm長さ）…1/2束
- ▶ 豚こま切れ肉…40g
- ▶ 焼きそばソース（粉末）…1食分
- ▶ 塩、こしょう…各少々
- ▶ 片栗粉…適量
- ▶ 酒…適量
- ▶ サラダ油…適量

作 り 方

1 豚肉は塩、こしょうを振り、片栗粉を薄くまぶす。

2 麺はレンジで20～30秒加熱する。

3 フライパンに1cm程度の油を熱し、2を入れてほぐし、揚げ焼きにする。焼き色がついたら裏返し、軽く焼く。

4 3を一旦皿に取り出し、1を炒める。焼き色がついたらニラ（2/3量）を加えて軽く混ぜる。

5 酒を振りかけ、麺でフタをするようにフライパンに戻し、麺の上に焼きそばソースを振りかける。

6 水分が飛んできたら、麺をほぐして全体を混ぜ合わせる。ニラ（残りの1/3量）を加えて軽く混ぜる。

point

もっちり＆カリカリの麺、シャキシャキ＆しっとりのニラ、1皿でいろいろな食感が味わえます。必ず唸る旨さです。

深さ1cm程度の油でじっくり揚げ焼きにする。焼いているときは、あまり麺を動かさないように。

インスタント麺で極上

漬たま冷麺

材料（1人分）

- ▶ インスタントラーメン
  …1袋 ★ラ王がおすすめ
- ▶ 豚ロース肉スライス
  …40g
- ▶ ニラ…1/2束
- ▶ 小ねぎ（小口切り）
  …適量
- ▶ 卵黄…1個
- ▶ みりん…大さじ2
- ▶ 醤油…大さじ2
- ▶ いりごま…好みで

作り方

1 みりんと醤油を耐熱容器に混ぜ合わせ、レンジで1分20秒加熱する。常温まで冷めたら卵黄を入れ、冷蔵庫で30分～1時間漬ける。

2 鍋に塩（分量外）を入れて湯を沸かし、ニラをさっとゆで、氷水に取って冷やす。水気を絞って5cm長さに切る。

3 2の鍋に豚肉を入れる。すぐに火を止めて1分おいたら、皿に取り出す。

4 鍋に湯を沸かし直し、麺を表示の時間通りにゆでて流水で洗う。器に付属のたれ、麺、具材を盛り、1の漬たまをのせてスープを回しかける。好みでごまを振る。

point 熱い夏にはパワーみなぎるスタミナ冷麺き。お酢で味変もおすすめです。漬たまはにんにくを加えたり、ご飯にのせてごま油をかけるだけでもやば旨です。

第6章

たれ

覚えておいて 損はない 基本の味噌だれ

材料（作りやすい分量）

味噌…80g
砂糖…50g
酒…50㎖

保存期間
冷蔵で1週間

作り方

1 清潔な保存容器にすべての材料を入れ、よく混ぜ合わせる。

point お子さんやアルコールが苦手な方は、先に砂糖と酒を混ぜてレンジで1分30秒加熱し、アルコールを飛ばしてください。

いとこん炒め

材料（2人分）

- ひき肉（豚または合いびき）…150g
- 糸こんにゃく…1袋
- なす…2本
- 基本の味噌だれ（上記）…1/2量
- にんにく（みじん切り）…1片
- しょうが（みじん切り）…1片
- 鷹の爪（輪切り）…適量
- サラダ油…適量
- 塩…適量
- ごま油…適量
- いりごま…適量

作り方

1 なすは縦半分に切り、隠し包丁を入れて（皮の面に深さ5㎜ほどの切り込みを細かく入れる）、乱切りにする。

2 熱したフライパンでごまを煎る。香りが立ってきたら火を止めて取り出す。

3 フライパンにサラダ油を引き、水切りして食べやすく切った糸こんにゃくを弱火で炒める。塩を振り、しばらく炒めたら端に寄せ、空いたところに多めのサラダ油、にんにく、しょうがを入れ、じっくり炒めて香りを移す。

4 香りが立ってきたらなすを加えて油を吸わせるように焼く。

5 なすがしんなりしたらフライパンの片側に寄せ、空いたところにひき肉を入れ、塩を振って焼く。

6 糸こんにゃくの水分が飛び、なすに少し焦げ目がついたら、強火にして全体を混ぜ合わせる。

7 鷹の爪を入れて混ぜ、再び全体をフライパンの片側に寄せ、空いたところにごま油と味噌だれを入れて一気に全体を混ぜ合わせる。器に盛り、**2**を振る。

point 3〜5は「炒める」ではなく「焼く」意識で行うことがコツ。日常おかずがグンとランクアップします。

炒め方ひとつで
いとこんが
激変

たれ

家焼肉でお店の味!

ガツンとスタミナ 万能にんにくだれ

材料（作りやすい分量）

▶ にんにく（みじん切り）
…100g
▶ サラダ油…100㎖

A ▶ 鶏ガラスープの素
　…小さじ1
　▶ 香酢…小さじ1
　▶ 塩…3g
　▶ 鷹の爪…1本

作り方

1 にんにくは流水に1時間さらし、しっかり水気を切る。

2 鍋に油を入れて170度に熱し、1のうちの70gを約8分揚げる。

3 常温に冷まし、残りのにんにくとAを入れて混ぜ合わせる。清潔な保存容器に移して保存する。

point 野菜炒めやパスタオイルに、そのまま肉やステーキにかけて、餃子のたれに加えて……自由にアレンジしてください。特に中華との相性は抜群！

保存期間
冷蔵で2週間

たれ

焼肉のたれ2種

保存期間
冷蔵で1週間

材料（作りやすい分量）

〈つけだれ〉
▶ だし昆布…2枚
▶ 水…200㎖

A ▶ 醤油…大さじ3
　▶ 長ねぎ（青い部分）…1本
　▶ にんにく（つぶす）…3片
　▶ りんご（くし切り）…1/2個
　▶ 酒…大さじ2
　▶ はちみつ梅
　　（少しつぶす）…1個

〈もみだれ〉
B ▶ にんにく
　（すりおろし）…3片
　▶ しょうが（すりおろし）
　　…1/3片
　▶ りんご（すりおろし）
　　…1/4個

▶ はちみつ…ひとまわし
▶ ごま油…小さじ1
▶ 塩…少々

作り方

1 つけだれを作る。鍋に水と昆布を入れ、30分浸す。火をつけて、沸騰直前で火を止めて昆布を取り出す。

2 鍋にAを入れて弱火で10分煮込む。火を止めて15分おき、ザルでこす。完成量は約200㎖になる。

3 もみだれを作る。2のつけだれの半量（100㎖）を鍋に戻し、Bを入れてひと煮立ちさせる。

4 はちみつ、ごま油を入れ、塩で味をととのえ、もみだれの完成。

食べ方

好みの肉を用意し、もみだれに15分〜1日漬ける。肉を焼き、つけだれにつけていただく。

point 焼肉屋で出てくる、甘みのある醤油ベースの透き通ったあのたれです。野菜炒めに使うのもおすすめ。

黒酢だれ

混ぜるだけで
さっぱり、コク旨

材料（作りやすい分量）

- 黒酢…60㎖
- 醤油…60㎖
- 砂糖…18g
- 酒…30㎖
- にんにく（すりおろし）…1片
- ごま油…少々

作り方

1 清潔な保存容器にすべての材料を入れ、よく混ぜ合わせる。

保存期間
冷蔵で1か月

point このたれだけで味付けがバシッと決まります。

秘伝の醤油だれ

かつおと昆布の
旨みが沁みる

材料（作りやすい分量）

- みりん…100㎖
- 醤油…50㎖
- 水…200㎖
- かつお節…10g
- だし昆布…1枚

保存期間
冷蔵で1か月

作り方

1 鍋にすべての材料を入れ、火にかける。

2 沸騰したら火を止め、常温に冷ます。ザルにキッチンペーパーを敷いてこし、清潔な保存容器に移して保存する。

point シンプルながら間違いないこの味。煮物の煮汁として、刺身醤油に、味噌汁に少したらしても美味しいです。

安い肩ロースを昇華させる

たれ

豚ロースの黒酢炒め

材料（2人分）

▸ 豚肩ロース肉…200g
▸ 玉ねぎ（1㎝幅）…1/2個
▸ ピーマン（1㎝幅）…2個
▸ パプリカ（1㎝幅）…1/2個
▸ 黒酢だれ（P.100）…1/2量
▸ 黒酢…適量
▸ 薄力粉…適量
▸ ごま油…適量

作り方

1 豚肉は5㎜厚さに切り、黒酢を振りかけて10分おく。薄力粉をまぶして混ぜ合わせる。

2 フライパンに油を引いて熱し、1を炒める。火が通ったら玉ねぎを入れて炒め、玉ねぎがしんなりしたらピーマン、パプリカを加えてさっと炒め合わせる。

3 鍋肌から黒酢だれを入れて煮詰め、全体に味がなじむまで炒める。

point 黒酢だれを作っておけば、あとは炒め合わせるだけ。あっという間に絶品おかずが完成します。

のりの佃煮、
余らせていませんか?

のりソース

▸ のりの佃煮…大さじ3
▸ 甘口醤油…大さじ2
　（普通の醤油の場合は砂糖…小さじ1を加える）
▸ ごま油…大さじ1

作り方

1 清潔な保存容器にすべての材料を入れ、よく混ぜ合わせる。

保存期間
冷蔵で1週間

point 豆腐、天ぷら、焼き魚など、和ならだいたいなんにでも合うすごいやつです。

マンネリ解消の万能だれ # のり醤油だれ

材料（作りやすい分量）

▸ 醤油…120ml　　▸ のりの佃煮…大さじ1
▸ だし昆布…1/2枚

作り方

1 清潔な保存容器に醤油と昆布を入れ、12時間以上漬ける。

2 1にのりの佃煮を加えて混ぜる。昆布は漬けたままでも取り出してもよい。

保存期間
冷蔵で1週間

point 普通の醤油の代わりに使ってみてください。刺身、野菜炒め、炒飯のほか、和風ドレッシングに少し混ぜても◎。

この組み合わせ、食べてみたくない?
昆布だしチリソース

材料(作りやすい分量)

A
- ▷トマト缶(カット)…1缶
- ▷トマトペースト…大さじ1
- ▷スイートチリソース…50g
- ▷昆布茶…小さじ1
- ▷塩…少々
- ▷ごま油…大さじ1

作り方

1 鍋にAを入れて火にかける。沸騰したら5分煮る。

2 常温に冷まし、塩で味をととのえる。清潔な保存容器に移し、ごま油を入れて混ぜる。

保存期間
冷蔵で10日間

point

ほんのり和風の自家製チリソース。エビチリや海鮮の炒めものに、シンプルにからあげやフライドポテトにつけても。サラダにも合います。

たれ

主役級の存在感
あんちょびツナマヨだれ

保存期間
冷蔵で1週間

材料(作りやすい分量)

- ▷ツナ缶…1缶(70g)

A
- ▷アンチョビ(みじん切り)…1/2缶(20g)
- ▷ケーパー(みじん切り)…大さじ1/2
- ▷マヨネーズ…100g
- ▷にんにく(すりおろし)…小さじ1/2
- ▷レモン汁…大さじ1/2
- ▷こしょう(あらびき)…少々
- ▷塩…少々

作り方

1 ツナ缶はオイルを切ってほぐしておく。

2 清潔な保存容器に1とAを入れ、よく混ぜ合わせる。塩で味をととのえる。

point

食パンに塗ってトーストするだけで旨い。野菜スティックにつけたり、野菜と和えるだけでも立派な一品に。

再現率高

大手ハンバーガー
チェーンのアレ

マフィンバーガー

材料（作りやすい分量）

〈パテ（3枚分）〉

A
- 豚ひき肉…150g
- パン粉…10g
- 牛乳…大さじ1
- ブイヨン（刻む）…1個
  ★マギーブイヨンがおすすめ
- ガーリックパウダー…小さじ1/2
- 塩…少々
- こしょう（あらびき）…少々
- 一味とうがらし…ごく少量
  （辛みの少ないもの）

- バンズ（マフィン）…1個
- スライスチーズ…2枚
- たまご…1個
- サラダ油…適量

作り方

1 ボウルにAを入れてよくこねる。

2 フライパンに油を引き、薄く成型した1を焼く。

3 セルクルを使って目玉焼きを作る。

4 トーストしたマフィンに2、スライスチーズ、3を挟む。

ナゲットソース

材料（作りやすい分量）

〈バーベキューソース〉
- ケチャップ…大さじ2
  ★ハインツがおすすめ
- 中濃ソース
  …大さじ2
  ★ブルドックソースが
  おすすめ
- りんごジュース
  …大さじ3
- はちみつ…大さじ1
- 砂糖…小さじ1
- 酢…小さじ1
- レモン汁…小さじ1

〈マスタードソース〉
- マスタード…大さじ4
  ★S&Bがおすすめ
- はちみつ
  …大さじ1
- ケチャップ…小さじ1
  ★ハインツがおすすめ
- 酢…小さじ1
- 砂糖…小さじ1
- 塩…小さじ1/4
- 卵黄…1個
- パプリカパウダー
  …小さじ1/2

作り方

1 バーベキューソースは、耐熱容器にすべての材料を混ぜ合わせ、レンジで1分30秒加熱する。常温に冷ます。

2 マスタードソースは、ボウルにすべての材料を入れて混ぜ合わせる。

point
刺激的なあの味を再現してみました。これでいつでも食べ放題＆つけ放題です。

ホットスナックを圧倒的に超える

コンビニから揚げ風

材料

- ▶ 鶏むね肉…200g
- ▶ サラダ油…適量

- **A** ▶ 木綿豆腐…40g
  - ▶ 片栗粉…大さじ1
  - ▶ 鶏ガラスープの素…小さじ1
  - ▶ 醤油…小さじ1/2
  - ▶ にんにく（チューブ）…1㎝
  - ▶ しょうが（チューブ）…1㎝

〈衣〉
- ▶ たまご…1個
- ▶ 水…大さじ1/2

作り方

1 鶏肉は皮をはがし、ひと口大に切って2/3量と1/3量にわける。皮は小さめに切る。

2 フードプロセッサーに1の2/3量の肉と皮、Aを入れてしっかり攪拌し、ペースト状にする。残りの1/3量の肉を加え、軽く攪拌する。

3 バットにたまごと水を入れて混ぜる。

4 鍋に油を熱し、成型した2に3をつけて揚げる。

point フードプロセッサー1回目はかなりしっかりペースト状に、2回目はミンチが残る程度に軽く攪拌する。衣は適当につけるくらいがヨシ。チリペッパーやチェダーチーズを衣に混ぜると別のフレーバーができます。

第 7 章

スイーツ

簡単極上
お一人様用

レンジで
イタリアンプリン!

材料（1人分）

- たまご（常温）…1個
- クリームチーズ（常温）…40g
- 牛乳…80㎖
- グラニュー糖（または砂糖）…大さじ2

〈カラメル〉

- 砂糖…大さじ1
- 水…小さじ1

作り方

1 カラメルを作る。耐熱の器に砂糖と水を入れ、レンジで1分30秒加熱する。

2 ボウルにたまごを割り入れ、泡立て器で泡が立たないように混ぜる。クリームチーズを加えてよく混ぜ、グラニュー糖を加えてさらに混ぜる。

3 牛乳をレンジで30秒加熱し、**2**に2回に分けて入れてその都度混ぜる。

4 茶こしでこしながら**1**に入れる。茶こしに残ったたまご液は、ボウルに戻して軽く混ぜてなめらかにして、上にふんわりのせる。

5 **4**をレンジで1分20秒加熱する。表面がぷくっとしてきてトロトロになったら、器全体をアルミホイルで包み、30分ほどおいて余熱で火を通す。粗熱が取れたら冷蔵庫で6時間以上冷やし固める。

スイーツ

加熱時間でカラメルの濃さを調整する。
濃くなり過ぎても少し水を加えればOK。

point

カラメルは高温になるので、マグカップなど肉厚の器を使ってください。クリームチーズは多少ダマが残っていても、こせば大丈夫。

かぼちゃ クレームブリュレ

材料（1個分）

- たまご…1個
- グラニュー糖（または砂糖）…大さじ2
- 牛乳…100〜120㎖

〈カラメル〉
- 砂糖…大さじ1
- 水…小さじ1

〈かぼちゃペースト〉
- かぼちゃ（ひと口大）…100g
- バター（無塩）…10g
- 牛乳…大さじ1〜2

作り方

1 ボウルにたまごを割り入れ、泡立て器で泡が立たないように混ぜる。グラニュー糖、牛乳の順に加え、その都度混ぜる。

2 茶こしでこしながら耐熱の器に入れる。

3 2をレンジで1分30秒加熱する。表面がぷくっとしてきてトロトロになったら、器全体をアルミホイルで包み、30分ほどおいて余熱で火を通す。粗熱が取れたら冷蔵庫で4時間以上冷やし固める。

4 かぼちゃは耐熱容器に入れてラップをし、レンジで4分加熱する。熱いうちに皮を取り除いてつぶす。バター、牛乳を加えて混ぜ、ペースト状にする。粗熱が取れたら3の上にのせる。

5 カラメルを作る。耐熱容器に砂糖と水を入れ、レンジで1分30秒加熱する。4の上にかける。

point 今回はキャラメリゼ無しのレシピですが、バーナーがあれば、4の後に砂糖を振りかけてあぶって仕上げるとさらに格別！

レンジで濃厚＆とろとろ

材料3つだけ!

家でしか
味わえない
焼きたての贅沢

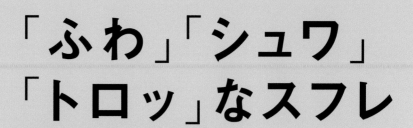

「ふわ」「シュワ」「トロッ」なスフレ

材料（1個分）

- ▶ たまご…2個
- ▶ グラニュー糖…大さじ2
- ▶ バター（無塩）…適量
- ▶ 粉砂糖（器にまぶす用）…適量
- ▶ バニラエッセンス、ブランデー、リキュールなど…少々、好みで
- ▶ 粉砂糖…好みで

作り方

1 耐熱の器の内側にバターをまんべんなく塗り、粉砂糖をまぶす。

2 卵黄と卵白を別々のボウルにわけ、卵黄の方にグラニュー糖（大さじ1）を入れて泡立て器でしっかり混ぜる。2〜3分混ぜると白っぽくツヤが出てくる。ここでバニラエッセンス、ブランデー、リキュールなどを加えてもよい。

3 卵白をハンドミキサーで泡立てる。グラニュー糖（大さじ1）を2〜3回にわけて加えながらしっかりメレンゲにする。

4 3の1/3量を2に入れ、泡をつぶさないように混ぜ合わせる。なじんだら残りの3をさらに2回にわけて入れ、その都度ヘラでさっくり混ぜる。

5 1の器に入れ、縁をヘラでならす。200度に予熱したオーブンで9分焼く。好みで粉砂糖を振りかける。

point
スフレを作るときは食べる準備と心構えととのえて臨んでください。オーブンから出すとしぼみ始めるので、熱々のうちにぜひ。悶絶必至です。

縁をヘラでぐるっと1周ならすと、生地がきれいに上向きにふくらむ。

夢の極厚
マスカルポーネの
白い海に
溺れる

ティラミスパンケーキ

材料（1人分）

- ▶ たまご…1個
- ▶ 薄力粉…15g
- ▶ ベーキングパウダー…1〜2g
- ▶ 生クリーム（35〜50%）…10㎖
- ▶ 砂糖…大さじ1
- ▶ ココア（無糖）…適量

〈マスカルポーネソース（大盛り）〉

- ▶ 生クリーム（35〜50%）…100㎖
- ▶ 砂糖…大さじ1
- ▶ マスカルポーネチーズ（常温）…100g
- ▶ レモン汁…小さじ1
- ▶ 卵黄…1個、好みで

作り方

1 卵黄と卵白を別々のボウルにわけ、卵黄の方に薄力粉、ベーキングパウダーを入れて泡立て器で混ぜる。ある程度まとまったら生クリームを加えてさらに混ぜる。

2 卵白をハンドミキサーで泡立てる。砂糖を2〜3回にわけて加えながらしっかりメレンゲにする。

3 2の1/3量を1に入れ、泡をつぶさないように混ぜ合わせる。なじんだら残りの2をさらに2回にわけて入れ、その都度ヘラでさっくり混ぜる。

4 マスカルポーネソースを作る。ソース用の生クリームと砂糖をハンドミキサーで軽く泡立て、マスカルポーネチーズとレモン汁を加えて混ぜる。ここで卵黄を加えてもよい。

5 クッキングシートを5㎝幅に切り、丸めてテープでとめる。フライパンにクッキングシートを置き、3を流し入れて、とろ火で焼く。水を少し加え、フタをして蒸し焼きにする。焼き色がついたらクッキングシートを外し、裏面も焼く。

6 ココアを振りかけて器に盛り、まわりに4をかける。

スイーツ

クッキングシートで簡易セルクルを作る。

point

稀少なめのパンケーキは、少し冷めてもふんわり、シュワッと感が持続します。ソースはレモンが効いたほどよい甘さなのでぜひ大盛りで！

幸せは電子レンジで作れます

独占できるタルトタタン

材料（1人分）

- ▶ りんご（8等分）…1個
- ▶ 砂糖…大さじ1
- ▶ バター（有塩）…10g
- ▶ ビスケット（細かく砕く）…20g
- ▶ バター（有塩、土台用）…20g

〈カラメル〉

- ▶ 砂糖…大さじ2
- ▶ 水…小さじ2

作り方

1 カラメルを作る。耐熱容器に砂糖と水を入れ、レンジで1分30秒加熱する。

2 耐熱の皿にりんごを並べて砂糖を振りかけ、バターをのせてレンジで4分加熱する。1の容器にりんごを敷き詰め、スプーンなどで押さえて表面を平らにする。

3 ビスケットとバター（土台用）を混ぜ合わせ、2の上に敷き詰める。冷蔵庫で2時間以上冷やし固める。

point ビスケットはポリ袋に入れて粉状に細かく砕いてください。容器から出すときは、ぬるま湯に20秒ほど浸けてから皿にひっくり返すと抜けやすいです。

秋のスイートポテト

材料（作りやすい分量）

- ▸ さつまいも（皮をむいてひと口大）…300g
- ▸ バター（常温）…30g
- ▸ 砂糖…40g
- ▸ 卵黄…1個
- ▸ 牛乳（または生クリーム）…20㎖
- ▸ はちみつ…適量
- ▸ バニラエッセンス…少々、好みで

point 牛乳多めで生地をゆるめにして耐熱の器に入れて焼くと、よりトロッとなめらかなひと味違う仕上がりになります。

作り方

1 さつまいもは耐熱容器に入れてラップをかけ、レンジで6分加熱する。熱いうちにつぶしてザルで裏ごしする。

2 バターを入れてよく混ぜ、砂糖を2〜3回にわけて加えながら混ぜてペースト状にする。牛乳を加えてさらに混ぜ、好みでバニラエッセンスを入れる。冷蔵庫で3時間以上冷やす。

3 冷蔵庫から取り出してヘラでしっかり練り、成型して表面に卵黄を塗る。

4 200度に予熱したオーブンで15〜20分焼く。仕上げにはちみつを塗る。

スイーツ

仕上げのはちみつが限界食堂流

カラメル×チョコ×バナナ
=シンプルに
最高！

こんなバナナ。
～ホットケーキミックスで～

材料（15cm型）

- バナナ（ななめ薄切り）…2本
- オレオクッキー（砕く）…4枚
- 牛乳（または生クリーム）…大さじ1
- ホットケーキミックス…200g
- たまご…1個
- 牛乳…100mℓ
- バター（有塩）…25g
- バター（有塩、型に塗る用）…適量

〈カラメル〉
- 砂糖…50g
- 水…大さじ1＋小さじ1

作り方

1 ポリ袋にオレオクッキーと牛乳（大さじ1）を入れてしばらくなじませる。

2 ボウルにたまごをしっかり溶き、ホットケーキミックス、牛乳（100mℓ）を入れて軽く混ぜる。レンジで10秒加熱して溶かしたバターを加えてよく混ぜる。

3 型の内側にバターを薄く塗る。

4 カラメルを作る。砂糖と水（大さじ1）を鍋に入れて弱～中火にかける。ぶくぶくと泡立って茶色になったところで火を止め、水（小さじ1）を入れ、鍋をゆすって混ぜる。

5 4を3に流し入れ、その上にバナナを外側から中心に向かって隙間なく並べていく。2の半量をそそぎ入れ、途中で1を挟み、残りの2をそそぐ。

6 170度に予熱したオーブンで20分焼く。粗熱が取れたらひっくり返して型から外す。

薄く切ったバナナを並べる。縁の方は押しつけるようにぎっしり詰める。

point

温かいうちはトロッと、冷やせばしっとり。ホットケーキミックスでできる簡単ケーキです。

119

型が
なくてもいい。
オーブンが
なくてもいい。

濃厚チーズタルト

〈土台〉
- ▶ ビスケット（細かく砕く）…120g
- ▶ バター…70g

〈フィリング〉
- ▶ クリームチーズ（常温）…100g
- ▶ 砂糖…45g
- ▶ たまご…1個
- ▶ 薄力粉…大さじ2
- ▶ 生クリーム…100㎖
- ▶ レモン汁…小さじ1、好みで
- ▶ バニラエッセンス…7〜8滴、好みで
- ▶ 卵黄…1個、好みで
- ▶ 粉砂糖…好みで

作り方

1 バターはレンジで30秒加熱して溶かす。ビスケットと溶かしバターを混ぜ合わせ、型の底に敷き詰めて押し固める。型が無い場合はフライパンにアルミホイルを敷いたものを型にする。冷蔵庫で6時間以上冷やし固める。

2 クリームチーズは耐熱ボウルに入れ、なめらかになるまでヘラでよく練る。砂糖を加えてしっかり混ぜ、さらにたまごを入れて混ぜる。ここでレモン汁、バニラエッセンスを加えてもよい。

3 **2**に薄力粉、生クリームを加えてその都度混ぜる。好みで卵黄を加えて混ぜる。

4 ラップをしてレンジで1分30秒加熱する。取り出したら泡立て器ですばやく混ぜる。再びラップをしてレンジで30秒加熱する。ツヤが出てとろみがつくまでよく混ぜる。

5 **1**の型に流し込み、ふんわりとラップをかけて冷蔵庫で3時間以上冷やし固める。好みで粉砂糖を振りかける。

スイーツ

フライパンとアルミホイルをタルト型の代用に。

point

余熱で火が通り、ツヤととろみが出てくる。やわらか過ぎる場合は5秒ずつ追加で加熱する。

濃厚なのに軽やかな
黄色い魅惑

パインバスク
チーズケーキ

材料（15cmまたは18cm型）

- クリームチーズ（常温）…200g
- 砂糖…80g
- たまご…2個
- 薄力粉…大さじ1と1/2
- 生クリーム（47%）…200㎖
- パイン缶…2枚

作り方

1 クリームチーズはなめらかになるまでヘラでよく練る。砂糖を加えてしっかり混ぜる。

2 別のボウルにたまごをしっかり溶き、1/3量を**1**に入れて混ぜ合わせる。なじんだら残りのたまごをさらに2回にわけて入れ、その都度ヘラでしっかり混ぜる。

3 **2**に薄力粉を入れて混ぜ、さらに生クリームを加えて混ぜる。

4 クッキングシートを30cm四方程度に切り、濡らしてくしゃくしゃにする。型の内側にぴったり張りつける。オーブン可の器や鍋を使ってもよい。

5 小さく切ったパインを**4**の底に敷き、**3**をそそぎ入れ、220度に予熱したオーブンで40〜45分焼く。粗熱が取れたら冷蔵庫で冷やす。

スイーツ

point

すぐに食べたいところですが、冷蔵庫で1日寝かせるとなじんで最高です。濃厚でなめらかな生地とパインのさわやかな酸味が絶妙。

パインをまんべんなく散らす。

妥協なき
甘さは旨さ

失敗無し！
超簡単プチケーキ
〜ブラックサンダー編〜

材料（2人分）

▶ 食パン（8枚切り）…1枚
▶ ブラックサンダー…1本
▶ マシュマロ…適量
▶ チョコレートソース…好みで
▶ バジルやミント…好みで

作り方

1 丸い器を食パンに押しつけて丸く抜く。

2 耐熱容器にブラックサンダーを入れ、レンジで5〜10秒加熱して溶かし、練り混ぜる。

3 2を1に塗り、その上にマシュマロを隙間なく並べる。トースターで焼き色がつくまで焼く。好みでチョコレートソースをかけ、バジルやミントをのせる。

スイーツ

〜スニッカーズ®編〜

材料（2人分）

▶ 食パン（8枚切り）…1枚
▶ スニッカーズ…1本
▶ マシュマロ…適量
▶ チョコレートソース…好みで
▶ バジルやミント…好みで

作り方

1 食パンの耳を切り落とす。

2 耐熱容器にスニッカーズを入れ、レンジで5〜10秒加熱して溶かし、練り混ぜる。

3 2を1に塗り、その上にマシュマロを隙間なく並べる。トースターで焼き色がつくまで焼く。好みでチョコレートソースをかけ、バジルやミントをのせる。

point

お子さんでも失敗なく、5分でできる超簡単スイーツです。外はカリカリ、中はトロトロ！

溶かしたブラックサンダー（左）とスニッカーズ（右）を塗る。

進化系 かき氷 はじめました

レアチーズクリーム氷

材料（1人分）

〈レアチーズソース〉

A ▸生クリーム（35〜50%）…200㎖
  ▸砂糖…40g
  ▸レモン汁…小さじ1

▸クリームチーズ（常温）…50g
▸練乳…50g

▸氷シロップ（いちご）…適量
▸いちごジャム…適量
▸氷…適量

作り方

1 ミキサーにAを入れて攪拌する。クリームチーズと練乳を加え、なめらかになるまでさらに混ぜる。冷蔵庫で冷やしておく。

2 いちごシロップといちごジャムを好みの割合で混ぜ合わせる。

3 器に氷を削り、1、2をたっぷりかける。

point 生クリームとレモン汁を合わせて時間が経つとチーズのように固まるので、手早く混ぜてください。かき氷シロップはジャムを足すだけでリッチになれます。

ほうじ茶シロップ

材料（作りやすい分量）

- ▶ ほうじ茶…20g
- ▶ 水…350㎖
- ▶ 砂糖…50g
- ▶ ほうじ茶の茶葉…適量

作り方

1 鍋に湯を沸かしてほうじ茶を入れ、2分半煮出す。火を止めてフタをして、1分蒸らす。

2 茶こしでこしながら清潔な保存容器に移し、砂糖を入れて混ぜ溶かす。ほうじ茶の茶葉の粉を振り入れる。

point

パンケーキやアイスクリームなど、お好きなスイーツに自由にかけてどうぞ。牛乳で割ればほうじ茶ラテができます。

上品な甘みと風味を纏わせて

KUMA

「楽しい時も辛い時も悲しい時も嬉しい時も『まぁ飯喰ってけよ』って
言える場所でありたい」というコンセプトで料理を紹介するYouTube
チャンネルを運営。月水金の20時15分に新作動画を、土日のどちら
かはお出かけ系や実験系など平日と趣向の異なる動画を公開中。

YouTube　くまの限界食堂
Twitter　@genkaiguma
Instagram　@genkaiguma

Staff

装丁	坂川朱音（朱猫堂）
本文デザイン	坂川朱音＋田中斐子（朱猫堂）
撮影	松久幸太郎
スタイリング	亀井真希子（エーツー）
調理	亀井真希子（エーツー）、KUMA
調理協力	堀金里沙（エーツー）
イラスト	KUMA
DTP	株式会社明昌堂
校正	株式会社麦秋新社
編集	田中悠香（ワニブックス）

今日の限界めし

著者　　KUMA
2021年6月10日　初版発行

発行者　横内正昭
編集人　青柳有紀
発行所　株式会社ワニブックス
　　　　〒150-8482 東京都渋谷区恵比寿4-4-9 えびす大黒ビル
　　　　電話　03-5449-2711（代表）
　　　　　　　03-5449-2716（編集部）
　　　　ワニブックスHP　http://www.wani.co.jp/
　　　　WANI BOOKOUT　http://www.wanibookout.com/
印刷所　大日本印刷株式会社
製本所　ナショナル製本